수피아 여학교 교장
애나 매퀸의
선교 편지

내한선교사편지번역총서 **14**

수피아 여학교 교장
애나 매퀸의
선교 편지

애나 매퀸 지음
허혜란·허경진 옮김

머리말

　하나님의 사랑으로 조선을 사랑하고 조선인들을 섬겼던 선교사 애나 매퀸(Anna McQueen, 한국 이름: 구애라)은 1909년 미국 남장로교 소속 한국 선교사로 파송되었고, 1910년에 전라남도 광주의 수피아 여학교에 제2대 교장으로 부임하여 학교의 기초를 이룬 분입니다.

　이 책에는 매퀸이 고향인 미국 노스캐롤라이나의 선교 후원자들과 가족들에게 보냈던 편지들 스물 일곱 통이 담겨있습니다. 매퀸이 교장으로 일하던 기간, 그리고 건강 문제로 교직에서 떠나 전도 사역을 하던 기간에 쓰여진 편지들 가운데 지금까지 발견된 편지들입니다. 광복 이후에 미군이 한국에 들어와 군정이 시작되자, 누구보다 먼저 광주에 돌아와 여자성경학교를 재건하는 일에 힘썼습니다. 매퀸은 하나님을 사랑하는 마음으로 한국인을 사랑했던 것입니다.

　여기에는 광주여학교가 신설되어 해가 갈수록 늘어나는 학생들과 이들을 수용할 건물 및 시설이 부족하여 후원금을 부탁하는 그녀의 간절한 호소가 담겨있기도 하고, 학교를 통해 배출된 여학생들이 졸업 후 교사의 자격으로 모교에 돌아와 봉사하는 성취에 대한 자부심이 들어있기도 합니다. 편지들은 이따금 광주 주변의 시골 마을들을 순회하며 차를 기다리는 틈새 시간에 쓰여지기도 했고, 한 번에 쓰지 못하고 책상 위에 놓여져 있다가 며칠 만에야 완성이 되기도 했습니다.

그런가 하면 거의 모든 편지마다 미국의 후원자들에게 구체적으로 기도 목록을 전하며 기도 요청을 하고, 또 전도 대상자들이 믿음 안에서 어떻게 자라나는지 선교 보고의 역할도 감당하고 있습니다.

몇 몇 편지들의 일부는 제가 읽는 것이 불가능할 정도로 보존 상태가 좋지 않아서, 번역을 끝맺지 못하게 되어 아쉬웠습니다.

번역 훈련을 받았거나 경험이 전혀 없는 제가 내한 선교사의 편지 번역이라는 생소하고 어려운 작업에 감히 참여하게 된 것은 평생 복음에 빚진 사람이 할 수 있는 가장 귀한 일 가운데 하나로 여겨졌고, 한국과 한글을 사랑하는 사람이 경험할 수 있는 일 가운데 무척 의미있는 일로 생각되었기 때문입니다.

편지만 번역하기에는 무언가 아쉬워 다른 기록을 구하려고 매퀸의 모교인 Flora Macdonald College(현재의 St. Andrews University)에 연락했을 때 이 학교 출신 선교사들의 사역을 소개한 기록, 『사선에서 On the Firing Line』를 보내주셨는데 특히 한복을 입은 매퀸의 사진을 보았을 때 얼마나 반갑고 기뻤는지 모릅니다. 이 책자와 사진을 사용하도록 허락해주셔서 크게 힘이 되었습니다.

매퀸이 석사학위를 받은 노스캐롤라이나 주립대학(University of North Carolina)에서 제가 직원으로 근무하고 있으며, 제가 살고 있는 곳이 매퀸이 잠시 교직에 머물렀던 곳 가운데 하나인 벌링턴

(Burlington)이라는 우연만으로도 친근한 마음으로 번역할 수 있었습니다.

제게는 낯설기만 한 백 년 전 남부 영어의 특별한 표현이나 끊어지지 않고 길게 이어지는 문장들을 쉽게 설명해준 남편 잔(John Miller)과 두 딸 사라와 진주에게 감사드립니다.

어른이 되기 전에 한국을 떠나 어느덧 환갑이 되면서 여전히 외국어인 영어를 영원히 사랑하는 모국어로 번역하여 책으로 내는 것은 저에게 참 소중한 선물입니다. 귀한 작업에 동참하도록 권유해주신 오빠(허경진 교수)에게 더 깊은 감사를 드립니다.

번역자를 대표하여

허혜란(Haeran Miller)

차례

일러두기

1. 한남대학교 인돈학술원에서 수집하여 한남대학교 중앙도서관에서 공개하는 원문을 저본으로 하여 번역하였다.
2. 번역문, 원문 순서로 수록하였다.
3. 원문에서 식별하기 어려운 내용은 한 단어의 경우 [illegible]로, 두 단어 이상의 경우 [illegible_단어 수]로 표기하였다. 해당하는 번역문에는 [판독 불가]로 표기하였다.
4. 원문의 단어에 철자 오류가 있는 경우 해당 단어의 오른쪽에 [sic]으로 표기하였다.
5. 한국인의 실제 이름과 영문 표기가 일치하지 않는 경우는 실제 이름으로 표기하였다.

해제

기본 정보

1. 성장 배경

매퀸은 아버지 윌리엄 매퀸(William McQueen)과 어머니 로라 카미카엘(Lola Florence Carmichael) 사이에서 1883년 7월 30일 미국 노스캐롤라이나 로랜드에서 태어났다. 1902년 미국 남장로교대학에서 문학사로 졸업하고 노스캐롤라이나 대학 대학원에서 석사 학위를 받았다.

2. 교육 활동

고향 노스캐롤라이나에 있는 학교들(Mountains, Burlington and Lincolnton of North Carolina)에서 교직생활을 하던 매퀸은 1909년 9월 14일 페이어트빌(Fayetteville, North Carolina) 노회 소속으로서, 미국 남장로교 한국선교사로 임명 및 파송을 받는다. 미국 남장로교 유진 벨(Dr. Eugene Bell) 선교사가 설립한 여학교에 1910년 제2대 교장으로 부임힌다. 매퀸은 학교의 사정을 본국에 알려 재정적 지원을 이끌어 낸다.

특별히 1911년에는 미국의 스턴스(M. L. Stearns Nee Speer)가 여동생인 제니 스피어(Jennie Speer)를 기념하기 위해 5천달러를 기부하는데, 이 기금으로 3층 건물 교사인 스피어 홀이 준공된다. 이로인해 학교는 수피아 여학교(Jennie Speer Memorial School for Girls)로 불리게 된다. 민족 사회에 다양한 방면으로 기여했던 수피아 여학생들은 특별히 1919년 3·1 운동에도 적극적으로 참여해 교사 2명 학생 21명 등 총 23명이 옥고를 치루었다. 건강이 쇠약해진 매퀸은 1924년 8월 30일 학교 직무에서 떠난다.

3. 선교 활동

건강상의 이유로 수피아 여고 교장에서 물러난 매퀸은 그 이후 광주와 주변 지역에서 선교 활동에 전념한다. 매퀸은 주로 광주와 화순 일대에서 선교 활동을 벌였다.

광주 동남부 지역은 미국 남장로교 소속의 배유지(유진벨) 선교사 부부와, 오기원(오웬) 선교사 부부에 의해 복음이 전파된 이래 여러 선교사들과 전도 부인들의 성경교육과 예배인도로 성장하게 되었다. 매퀸은 전도부인들과 함께 광주를 중심으로 주변 마을을 순회하면서 7일 성경공부반이나 10일 성경공부반을 구성하여 다양한 연령의 학생들을 양육했다. 그리고 각 지역에 세워진 교회에서 드리는 예배를 인도하여 많게는 수백 명이 참석하게 될 정도로 부흥하게 된다.

1940년 일제에 의해 강제 추방된 이후, 매퀸은 한 동안 미국 샌프란시스코에 머물렀다. 해방 이후 1947년 10월 다시 한국에 돌아와 선교 활동을 다시 시작하였다. 신사참배 문제로 1941년 9월에 폐교되었던 이일 성경학교를 1948년 9월 복교시키는데 주도적인 역할을 한다.

매퀸은 6·25 사변으로 인해 본국으로 귀국하게 된다. 1951년 6월 1일 은퇴로 미국에 돌아 간 매퀸은 고향 로랜드에서 여생을 보내다 1964년 5월 3일 향년 82세의 나이로 하나님이 부르심을 받았다.

4. 매퀸의 선교 열매

매퀸이 교장으로 봉직하면서 1911년에 수피아여학교로 이름을 바꾼 광주여학교는 1968년에 수피아여자중학교와 수피아여자고등학교로 분리하여 광주광역시 양림동에서 계속 많은 여학생들을 교육하고 있다. 고등학교는 2023년 1월에 제71회 졸업생 213명을 배출했으며, 신제 고등학교로 개편한 1953년 이후 27,010명을 배출하였다. 매퀸이 교장으로 봉직하며 건축한 수피아 홀은 국가등록문화재 제158호로 지정되어 있다.

신사참배를 거부하다가 추방된 매퀸이 광복 이후에 광주로 돌아와 1947년부터 복교에 참여한 이일성경학교는 1961년에 한예정신학원과 합병하여 한일여자신학교로 명칭을 변경하였으며, 1995년에 한일신학대학교, 1998년에 한일장신대학교로 교명을 변경하여 학부 7개 학과, 7개 대학원을 갖춘 종합대학교로 발전하였다.

내한 선교사 편지 관련 정보

편지는 주로 연말이나 연초에 고향에 있는 친구들이나 친지들에게 보내졌다. 상당수 편지들은 11월 셋째주 한국의 추수감사절 주간에 크리스마스 인사를 겸하여 보내거나 1월에 새해 인사와 함께 보냈다. 이 편지들은 대략 2-3주 후에 매퀸의 고향인 테네시 주 내슈빌에 도착했다. 몇몇 편지는 여름철인 7월이나 8월에 지리산에 있는 그래함 캠프에서 보냈다. 이곳에서 매퀸은 더운 여름을 피하면서 재충전의 시간을 가진 것으로 보인다.

(미국인 선교사들은 풍토병을 극복하거나 휴양 차원에서 지리산 노고단에 수양관을 건설하게 되는데 이것이 그래함 캠프다.)

매퀸은 지인들과 친구들에게 연초나 연말에 보내는 편지를 통해 선교과정을 자세하게 소개하는 동시에 그들의 기도와 함께 필요한 물품들에 대한 후원을 부탁한다. 고향에서 보내온 물품들은 성경공부에 개근한 학생들에게는 작은 선물로 주어진다. 한 가지 예로 한국 여성들이 가장 좋아하는 선물 중에는 옷핀이 있다. 이 옷핀들은 매퀸이 직접 구매하기도 했지만 주로는 고향에서 모아서 보내준 것들이 대부분이다. (김성언)

번역문

일제 강점기 선교 편지(1919-1940)

1919년 여름[1]

　미국에 계신 후원자들께,

　미국에서 3년 반 동안 연장된 휴가를 마치고 나는 조선의 땅에
다시 왔습니다. 최근에 있었던 여러 사건들 때문에 나의 귀환의
즐거운 기분은 슬픔과 섞여버렸습니다. 우리는 바다 위에서 무선
라디오로 조선 안에서 일어나는 어려움에 대해 아주 조금 들었고,
요코하마에 떠도는 소문들이 하도 이해하기 어려워서 나 홀로 떠
나는 3일간의 여행에 과연 얼마나 용기가 필요할 것인지 불안했
습니다. 요코하마에서도 선교사들이 보내온 환영편지를 통해 나
는 끔찍한 자동차 사고에 대해 들었습니다.

　광주에 도착했을 때 나는 다른 비참한 소식들을 들었는데, 소란
과 슬픔의 한 가운데서도 나는 다시 돌아오도록 허가가 내려진
것이 더 한층 기뻤습니다. 나는 한국인들에 대한 나의 옛 사랑을
하나도 잃지 않았음을 곧 알 수 있었고, 한국인들이 얼마나 유쾌

1　이 편지가 『미셔너리 서베이』 1919년 10월호에 「애나 매퀸양의 편지」라는 제목으
　로 실려 있다.

하고 감사하는 사람들인지 더욱 잘 알게 된듯 합니다. 그들은 항상 선교사들을 넘치도록 따뜻하게 환영했습니다. 그들의 말은 최고로 멋지고 가장 재치있는 농담으로 가득했으며, 그들이 인간적이어서 아첨떠는 재주가 있다는 걸 알면서도 그들에게 감사하다는 말을 듣는 것이 참 좋았습니다.

지난 3년은 학교 내부 직원들 사이에 제법 큰 변화가 있었는데, 졸업생들과 고등과 소녀들의 근황을 듣는 것이 흥미있었어요. 오웬 부인이 나의 빈 자리를 담당하고 있었고, 1915년 첫 졸업생이었던 제금이와 애순이가 주임교사가 되었습니다. 나는 이 능력있는 두 여학생들을 늘 자랑스러워했는데, 지금은 서울에서 2년간의 사범과정을 마치고 이번 봄에 우리를 위해 가르치려고 돌아온 성은이를 똑같이 자랑스러워하고 있어요. 예전의 학생 가운데 하나가 올해 서울에 있는 세브란스 병원에서 정규 간호사로 졸업하고, 다른 세 명도 그 곳에서 공부를 하고 있습니다.

어느 날 나는 광주 병원에서 우연히 마주쳤던 한 젊은 부인이 옛날 학생이었음을 알아차리고 "구소 교회의 순안이 아닌가요? 그리고 당신 어머니가 한국 의사를 불러 당신을 진찰하도록 하지 않았던가요?"라고 물었더니 그녀는 고개를 숙이고 "네'라고 대답했어요. 나는 그녀를 찾아낸 것을 확인하고 싶었기 때문에 그 때의 일을 언급했는데, 이제 그녀의 앞선 이해력으로 그녀가 부끄러워 한다는 것은 놀랄 일이 아니었어요. 기숙사에 있을 때 그녀는 굉장히 많이 아팠었는데, 그녀의 어머니는 분명히 그녀의 몸 안에 헐거운 뼈들이 있다면서 이런 종류의 질병을 치료하는데 최고인 한국인 의사를 불러야한다고 말했지요. 나는 아주 엄격하게 '우리는 한국인 주술사를 믿지 않으며, 어떤 방법으로든 학교 대문 안으로 한 사람도 들일 수 없다'고 했어요. 내가 치료약을 찾으러 급히 병원으로 갔다가 돌아왔더니, 그녀의 어머니는 놀랍게도 바로 자기 딸을 고통스럽게 했다는 다섯 개의 뼈들을 자랑스럽게 보여줬습니다. 내가 자리를 비웠을 때 그녀는 다 큰 소녀를 등에 업고 학교 마당으로 나갔는데, 거기에서 그 한국인 의사(?)는 그 소녀의 목 안으로 끝부분이 고리처럼 생긴 긴 줄을 늘어뜨리고 아주 날랜 손재주로 그 마른 뼈 다섯 조각을 빼낸 것처럼 보이도록 꾸며냈던 겁니다. 그 소녀는 여전히 고통스러워했고, 미국 약품의 효능과 한 조선인 병원 보조인의 설명으로 학교 전체에 그 주술사의 속임수를 확실하게 알도록 해줬습니다.

순안이의 남편은 현재 병원 보조인 가운데 한 사람이며, 그녀는 지난 주에 간호원으로 채용되었어요. 내가 매튜 양에게 그녀의 능력에 대해 물었더니 "오! 여학생들은 언제나 빠르게 배우고 다른 사람들보다 훨씬 더 유능해요"라고 대답했어요.

가장 포부가 큰 여학생 가운데 하나인 인애는 서울에서 사범과정을 다 마치고 지금은 유치원 교습 중입니다. 나는 몇 년 전에 불신자인 그녀의 어머니가 내가 미혼이라는 이유로 화를 내며 오랫동안 나를 야단쳤던 일을 기억합니다. 그녀는 자기 딸들이 아직 어렸을 때 결혼하기를 원했는데, 아무리 말해도 그녀들이 계속 공부하겠다고 말했다면서, 나의 본보기가 자기의 지시를 모두 무력하게 했다고 했어요.

하지만 옛날 학생들 대부분은 결혼했고, 그들이 얼마나 결혼을 잘했는지 들으면서 나는 정말 즐거웠습니다. 제금이는 남학교의 교사들 가운데 한 사람과 결혼했고, 더러는 의과대학 학생들과 결혼했으며, 또 상당수는 이제 교회 지도자들이나 훌륭한 신자들과 결혼했습니다. 그리고 유감스럽지만 졸업생 가운데 내가 안타깝게 여기는 단 한 사람이 있는 것을 고백합니다. 전통과 풍습이 그녀를 가로 막았어요, 하지만 나는 그녀가 신자라고 믿기 때문에 그녀를 위한 우리 노력이 낭비됐다고 여기진 않습니다.

여러분 가운데 전에 내가 불신자와의 결혼에서 구해주려고 했을 때 오빠를 찾으러 새벽에 말을 탔던 귀님이에 대해 말씀드린 것을 기억하는 분이 있을 거예요. 일 년 간의 수업 후에 그녀는 시골 교회의 한 집사와 결혼했어요. 최근에 그녀의 교회에서 수업을 한 그래함 양에게 들었는데, 귀님이의 집이 좀 멀어서 매일 밤 그녀의 남편이 그녀를 교회 문까지 데려다 주고는 여자들 모임이 끝날 때까지 기다려서 그녀의 책들을 받아들고 그들의 집으로 간다는 거예요. 다른 게 아닌 바로 복음이 불신자들의 관습에 이런 변화를 일으켜서 그녀 남편으로부터 이런 보살핌을 받으며 남편 곁에 나란히 걸을 수 있는 특권을 갖게 해준 거지요.

그래함 양 말로는 귀님이의 시어머니 역시 그녀를 아주 자랑스럽게 여기지만, 아주 좁고 더럽고 혼잡한 그 시어머니의 집을 봤을 때 그녀가 너무 불쌍해서 견딜 수 없었다고 했어요. 그래함 양이 떠나려고 할 때 귀님이가 "이제 여기로 오셔서 제 방을 보세요"라고 했는데, 그 집의 한 쪽 끝에 그녀를 위해 깨끗하게 지어진 새 방에는 책들과 그림, 꽃등이 먼지 하나 없이 깨끗하게 정돈되어 있었답니다. 여러 번 들은 말이지만 여학생들과 그들의 집은 언제나 어두움 한 가운데 밝은 점과도 같다고 했어요. 그렇습니다, 우리가 하는 일은 확실하게 보상해 줍니다.

나는 내가 다시 이 일의 한 부분이 된 것이 아주 기쁩니다. 내가 지구의 멀리 떨어진 반대쪽에 있음을 잊지 말고, 나에게 주어진 책임을 감당하기 위해 육체적, 정신적, 그리고 영적으로 강건해지도록 기도해주세요. 나는 나의 후원자님들 한 분 한 분이 이 편지를 개인 서신으로 받는 것처럼 여기고, 몇 사람이라도 답장을 주셨으면 좋겠어요. 개별적으로 편지를 쓰고 싶지만 어떻게 해야 편지를 쓸 시간을 찾을 수 있을지가 선교사들의 가장 많이 고민하는 것 가운데 하나입니다.

현재 조선인들은 결코 이전에 없었을 정치적이고 영적인 위기를 지나는 중이라서 여러분들의 진실되고 간절한 기도가 필요합니다. 그들은 진정으로 "한 밤중에 우는 것 밖에 다른 말을 할 줄 모르는 아이들처럼 울고 있습니다."

여러분의 친구,
애나 매퀸

1922년 6월
광주, 한국

애나 매퀸

사랑하는 고향 친구님들께,

비가 내리는 월요일, 내가 즐거운 이유가 몇 가지 있습니다. 비가 내리면 조선인들은 집 밖으로 나오질 않기 때문에 다른 날처럼 내가 하던 일을 중단시키지 않아서, 장부 정리를 하거나 편지를 쓰거나 혹은 학교가 쉬는 월요일에 하려고 미뤄놨던 다른 여러 가지 일을 할 수 있거든요. 지난 월요일 아침에 나는 선교 본부에 해마다 보내는 연례보고서를 써야 했습니다. 아침 7시쯤에 중국인 목수가 첫 번째로 찾아왔고, 그에게 일감을 주고나자 조선인들이 한 사람씩 줄을 이어 10시까지 찾아왔습니다. 집에서 그 보고서를 쓰는 게 거의 불가능해져서, 10시 쯤에 이웃집에 숨어서 드디어 그 보고서를 마칠 수 있었어요. 여기서 알아채셨겠지만, 만약 월요일마다 비가 더 많이 내린다면 아마도 제 소식을 더 자주 들으실겁니다.

일본인들의 규정에 따라 우리는 3월 말일에 졸업식을 가졌고, 짧은 방학 후 4월 초에 새 학기가 시작되었습니다. 여러분들이 이곳의 개학식이 많은 신입생들로 얼마나 붐볐는지를 볼 수 있었으면 좋겠어요. 어린이들과 그들의 부모들, 혹은 그들을 돕는 보호자들이 아이들의 이름을 등록시키기 위해 한꺼번에 시끄럽게 북

적였지요. 그들은 분명히 아이들 전부가 받아들여지지 못할 것을 겁을 냈고, 나는 교사들이 이 혼란 속에서 우리가 수용할 수 있는 인원보다 더 많이 등록을 시킬까봐 등록원서를 교사들로부터 거둬와야만 했습니다.

우리는 기숙사제 학교의 신청자들 가운데 일부는 돌려보내야 했지만, 결혼한 젊은 여학생들을 제외한 거의 대부분의 주간학교 학생들은 입학이 되었어요. 결혼한 젊은 여학생들 가운데 더러는 "만약 내가 뭐라도 배워오지 않으면 내 남편이 나를 쫓아낼 거라고 말했어요"라며 울면서 애원하기도 했습니다. 그리고 이 젊은 여학생들을 위한 학급이 동네 안에서 시작이 되었어요.

우리의 등록자 수는 264명입니다. 1학년이 135명으로 학생 수가 가장 많아 3반으로 나뉘었는데, 이걸 보시면 만일 장애물만 없다면 이 학교가 얼마나 더 빨리 자라날 수 있는지 잘 아실 수 있을 거에요. 다음은 광주 계간지에 실린 글을 옮겨온 것입니다.

"이 여학교는 마치 아이 몸이 너무 빨리 자라서 입고 있는 옷의 실밥이 터져나갈 듯 보이는 것 같고, 자기가 입은 옷보다 훨씬 크게 자란 아이 팔이 소매 아래에 매달린 것처럼 보입니다. 여학생들을 위한 충분한 방이 없는데도 학생들은 여전히 오고 싶어합니다. 미혼 여학생들은 이렇게 빠르게 늘어나는 학생들에게 방을 내주기 위해 자기들의 집을 포기할 생각도 합니다. 지금은 조선 여성들의 좋은 날이며, 근래에 우리 학교 건물을 늘려 그 필요를 채워주는 희망조차 없다는 것이 슬프기만 합니다.

교육의 기회가 하나도 없는 광주 지역의 소녀들을 생각할 때,

극히 적은 수의 시골 여학교를 생각할 때, 그리고 본교의 제한된 입학생 수를 생각할 때 우리가 지금까지 이룬 것이 아주 적은 것처럼 보입니다. 그런데 바로 방금, 실업과목 교사인 스와인하트 양의 업무 기록을 받고보니 거기에는 이렇게 격려하는 글이 적혀 있었어요.

"어제 대명(?)에 나갔다가 우리 학교 출신인 소녀들 여럿을 보았는데 그녀들 모두 아주 좋아보였고, 그녀들은 인근의 시골 교회들과 학교들을 짓는데 크게 도움을 주는 것으로 보입니다. 직접 이 시골들을 방문하기 전까지는 귀하의 학교가 좋은 일을 아주 많이 하고 있다는 걸 절대로 아시지 못할 겁니다."

신입생들 가운데는 아주 유망해보이는 소녀들이 더러 있습니다. 나는 그들과 조용하게 이야기를 나누면서 그들에 대해 좀 더 알아가고, 그들의 신앙생활을 도와주려고 하고 있어요. 지난 번에 신복이와 이야기를 하던 중에, 그녀는 '아버지가 구식 조선인 의사이며 예로부터 전해 내려오는 지식 외에 다른 것에 대해서는 아무 것도 모른다'고 알려줬어요. 그녀의 아버지는 옛 풍습만을 고수하기 때문에 그녀와 그녀의 엄마 모두 기독교인이 되고 싶어함에도 불구하고 그녀가 학교나 교회에 나가는 것을 절대로 허락하지 않는다고 했어요. 내가 그녀에게 '그럼 학교에 어떻게 왔느냐'고 물었더니, "아버지께서 사랑방에서 손님들을 대접하실 때, 마당 주위에 있는 돌담을 넘을 수 있도록 엄마가 도와주셔서 집을 빠져나와 다른 소녀들과 함께 올 수 있었어요"라고 말했지요. 나는 그녀가 학비를 어떻게 내고 있는지도 물었는데, 그녀의 어머니가 반지를 판 돈으로 학교에 입학했고, 이후로는 그녀 자신이 비용을 부담해야 된다고 대답했어요. 그녀는 공부를 잘 했고, 수업 시간에 어려운 레이스 만들기를 잘 배웠을 뿐 아니라 학과 이외의 시간에도 열심히 만들어서, 첫 달 말에 10야드 정도의 예쁜 레이스를 팔 수 있을 만큼 만들었어요.

기숙사에서 지내는 모든 여학생들과 자조반(自助班?)의 많은 주간반 학생들은 수입의 열 가운데 하나를 주님의 일을 위해 바치고 있어요. 마게도냐의 교회들처럼 명백한 고난과 극심한 가난 가운데서 그들 힘에 닿는 만큼, 혹은 그 이상으로 바치고 있는 것이지요. 이른 가을부터 그들 수입의 십분의 일을 저축하여 그들을 대신해서 시골 지역에 있는 이방인들에게 복음을 전할 전도부인을 고용하기에 충분한 기금을 모으고 있는 겁니다. 현재 그들이 모은 금액은 105 엔과 52 달러입니다.

최근에 한 전도부인이 고용되어 첫 번째로 우리 기숙사 여학생들의 믿지 않는 가정들에 보내졌습니다. 일주일도 더 전에 우리는 전도부인을 이 곳에서 10여 마일 떨어진, 우리 동네 큰 산의 다른 쪽에 있는 성경이와 공선이의 집으로 보냈습니다. 이 두 소녀들이 신자가 아니었음에도 우리 기숙사에 어떻게 방을 얻게 되었는지, 그리고 성경이의 어머니가 그들의 마을에 신자가 단 한 명도 없으며 10마일 내에 교회가 없는 것이 그들의 잘못이 아니라며 간청한 것에 대해서는 작년 가을에 보낸 편지에 쓴 적이 있습니다. 나는 이 두 소녀들을 입학시키기 위해 한국인들의 가정에 두 어린 소녀 신자들을 머물게 했습니다. 이번 학기에 나는 이름이 '세째'

인 성경이의 여동생을 입학시켜줬어요.

몇 주 전에 그들의 어머니는 예배에 참석하려고 10마일이나 걸어서 이 곳에 왔어요. 교회로 가는 길에 말을 하다가 그녀는 그녀의 딸들이 학교에 다니게 된 기회에 대해 그녀의 남편이 얼마나 감사하고 있는지에 대해 알려줬어요. 내가 그녀의 남편에게 믿는 마음이 있는지 물었더니 "물론이죠, 남편이 우리 딸들에게 어떠한 일이 일어났는지에 대해 깊이 감사하기 때문에, 예수교에 대해 더 알고 싶어서 매일 밤마다 아들과 함께 선생님이 주신 복음서를 읽고 있어요"라고 대답했어요. 나는 전도부인에게 그들에게 믿음의 기초에 대해 가르칠 수 있도록 충분히 오래 머물도록 부탁했고, 그 소녀들에게서 '성경을 가르치거나 설교하기 위해 그 동네를 방문하는 이들이 하나도 없었다'고 들었으므로 그 근방에서 일하도록 또한 부탁을 했습니다. 최근에 성경이와 공선이는 예비신자 시험에 잘 통과했습니다.

작년 한 해 동안 18명의 소녀들이 예비신자로 교회에 들어왔고, 19명의 소녀들이 세례를 받아 교회의 정회원이 되었습니다.

여름휴가 동안 소녀들이 특히 모든 유혹을 이겨내고, 강하고, 사방 어두운 이교도들의 한 가운데서도 그들의 구세주의 증인으로 빛나기를 위해 기도해주십시오.

여러분의 동역자
애나 매퀸
내슈빌, 테네시 1922년 7월

추신. 편지는 5전짜리 우표, 엽서는 2전짜리 우표를 붙이고 미스 애나 매퀸, 아시아, 조선, 광주라고 주소를 쓰면 우편물이 올 때 그녀에게 도착할 것입니다.

1922년 10월 3일
광주, 조선, 아시아

애나 매퀸

친애하는 후원자님들께,

학교의 가을 학기 첫째 달이 끝났습니다. 이 때가 내가 일본 정부의 공무원들에게 보내는 학교의 월말 보고서를 작성하는 때입니다. 여러분들이 이런 보고서를 요청하지 않으셨어도 비공식적으로 학교의 소식들을 조금 알려드리고 싶습니다.

학교는 9월 8일에 개학을 했고, 그 주간은 저에게는 정말 바쁘고 많은 일들이 있었습니다. 새로운 여학생들이 도착한 것 이외에 재학생들과 일본 여성을 포함한 신입교사들과 이전에 있었던 교사들이 9월 7일에, 그리고 그래함 양이 미국에서 우리들의 집으로 돌아왔고, M.L. 스턴 부인이 중국에서 같은 기차로 도착했습니다.

스턴 부인은 우리에게 학교 건물을 기증해주신 분으로, 그녀의 동생을 기념하기 위해 학교 이름을 그녀의 동생의 이름을 따서 "제니 수피아 기념 여학교"라고 지었습니다. 그녀는 북부 장로교인으로, 지난 가을 시애틀에 있는 집을 떠나 중국 산동 지방의 지난시에 있는 유니온 의과대학에서 의사로 있는 아들과 지내러 왔습니다.

오후에 있는 짧은 예배실습 시간에 여학생들이 기도를 인도하는데, 지난 봄에는 날마다 학교의 새 건물을 위해 기도를 드렸습니다. 아주 여러 번 구체적인 간청을 하였는데, 바로 스턴 부인이 우리에게 새 기숙사를 지어준 것입니다. 그녀가 광주에 온 것이 물론 우리 기도의 응답으로 믿어졌고, 학교 개학에 맞춰 그녀가 학교를 방문한 것이 하나님의 섭리로 이루어진 것을 믿었습니다.

그녀가 도착한 다음 날 아침, 벨 박사님이 개학식 예배를 인도하셨습니다. 그 분은 우리들에게 애쉬빌에서 그녀와의 만남에 대하여, 그녀가 기증한 선물의 역사에 대하여, 즉 선물로 주신 학교 건물이 11년 되었다는 이야기들을 해주셨습니다. 그리고 나서 졸업생 가운데 한 사람, 이승언이 스턴 부인에게 감사의 인사를 전했습니다. 그녀는 주임교사직을 맡아왔고 지난 3년간 음악교사를 또한 맡아왔습니다. 승언이는 키가 크고 유능하고 인물이 좋은 여학생으로 그녀가 올갠을 치던 자리에서 일어나 나와서 스턴 부인 앞에 서서 벨 박사님의 통역을 통해 아름다운 조선말로 스턴 부인에게 학교를 기증해주신 것과 그 학교가 승언이 자신을 포함한 모든 다른 사람들을 위해 성취한 일들에게 대해 감사를 드렸는데. 나는 이 때 그녀가 얼마나 자랑스러웠는지 모릅니다.

(나는 교인인 그녀의 할머니가 불신자인 그녀의 아버지의 집으로부터 그녀를 간신히 구해내어 우리 학교에 데려오지 않았더라면 그녀는 이미 오래 전에 불신자의 가정에 시집가서 시어머니와 남편의 종처럼 살아갈 수 밖에 없었음을 알기에, 그녀의 감사가 진심에서 우러나온 것임을 덧붙이고 싶어요. 기독교와 교육은 그녀의 인생을 아주 놀랍게 변화시킨 것입니다. 지난 6월, 그녀가

자기 학년에서 수석으로 졸업하고 지금은 서울에서 박사후 연구원이 된 젊은 의사와 결혼할 때 나는 들러리를 섰습니다.)

승언이는 열두 살에 학교에 들어가서 오웬 부인의 작은 사랑방 한 채에서 모든 학년이 어떻게 함께 공부하였는지 이야기했습니다. 그녀는 또한 아주 매끄럽게 우리들이 커다란 제니 수피아 건물로 이사하던 때 얼마나 기쁘고 감격하였던 지도 이야기했어요. 그녀는 마지막으로 오늘날 학생 수가 얼마나 늘어났는지에 대해 아주 기뻐하면서, 그러나 슬프게도 이 곳에 입학하고자 하는 모든 학생들을 받아들이기에 충분한 학교 건물이 없다는 것을 말하였습니다. 예배당 안은 바닥에 서로 가깝게 붙어 앉은 대략 275명의 여학생들과 뒤 쪽에 늘어선, 신입생들의 입학을 위해 함께 온 상당 수의 어른들로 붐볐는데, 그것은 참으로 인상적인 광경이었습니다. 누군가 이 학교를 졸업했던 현재의 세 명의 교사들의 얼굴들을 보면서 저 많은 수의 어린 학생들의 삶이 앞으로 펼쳐질 가능성에 대해 생각해본다면, 스턴 부인이 했던 말, "값진 투자"에 대해 저절로 진심으로 동감하게 될 것입니다.

이제 우리가 기도드린 가운데 절반이, 스턴 부인이 적절한 조건 아래 새 기숙사 건물을 위해 천 달러를 기증했을 때 이루어졌다는 기쁜 소식을 전합니다. 우리는 새 교실과 난방 시설, 그리고 세탁장이 필요합니다. 이 모든 것이 지금 필요하지만 가장 급한 필요는 기숙사에 머무는 학생들을 위한 방들입니다. 학생들이 이 곳까지 왔다가 되돌아가는 일을 막으려고 우리는 계속해서 기숙사가 가득 찼다고 발표했습니다. 그럼에도 불구하고 이번 가을에 우리는 40

퍼센트 가량의 신청자들에게 방이 없다고 말해야 했습니다. 그러나 우리는 마을 안에 어느 정도의 여학생들이 머물 수 있도록 조치를 취했습니다. 그것은 그 학생들에게는 의문을 갖게 했고, 기숙사에 머물 때 얻을 수 있는 장점과 훈련을 잃는 일이기도 했습니다.

하루는 어떤 할머니 한 분이 아주 근심스러운 모습으로 날 찾아와서 말했습니다. "어떻게 하면 좋겠습니까? 칠일 동안 날마다 개복이를 집에 돌아가게 하려고 애를 썼지만 소용이 없었어요. 그아이는 공부하겠다고 마음을 먹었고, 매번 아주 단호하게 '빌어먹게 되더라도 절대로 돌아가지 않을래요', '죽어도 돌아가지 않을래요'라고 말하고 있어요."

이렇게 진지한 태도로 공부할 기회를 찾을 뿐 아니라 그리스도를 찾고 있는 학생을 당신이라면 돌려보내실 수 있을까요? 나는 쏟아지는 빗속에 나가 다른 여학생들을 위한 방 하나를 빌리는데 성공하였고, 이제 개복이와 다른 두 소녀들, 그리고 결혼한 젊은 여인이 8x10 피트 크기의 그 작은 방에서 같이 지내게 되었어요. 그 젊은 여인은 2년 전에 우리 학교에 들어왔는데, 그녀의 남편이 배우지 못했다는 이유로 그녀를 쫓아내고 다른 부인을 얻었기 때문이었습니다. 이것은 조선의 새로운 풍속인데, 젊은 불신 남성들 간에 유행하고 있습니다.

오늘 사람들이 신자이건 불신자이건 똑같이 우리에게 기독교식 교육을 받게 해달라고 간청을 하고 있습니다. 어떠한 방법으로든지 하실 수 있다면, 부디 이 사람들의 간청을 들어줄 수 있도록 저희들을 도와주시기 바랍니다. "계속 나아가기" 위해 우리는 언제나 여러분의 기도가 필요합니다.

여러분의 친구
애나 매퀸

내슈빌, 테네시, 1922년 12월

1924년 2월 22일

광주, 한국

사랑하는 가족들에게,

지난 주에 미국에서 온 편지가 몇 차례 도착했는데, 크리스마스 때 쓴 카드를 받고 너무나 기뻤어요.

엄마! 지난 번 편지에서 힐 박사님의 별세와 장례식에 대해 말씀하셨지요. 저는 집에 돌아가서 그분을 꼭 한 번 더 볼 수 있기를 얼마나 바라고 있던지 몰라요. 마지막까지 설교를 하실 수 있었다니, 그분은 분명 크게 기뻐하셨을 거예요.

최근에 보낸 편지에 엄마가 페이엣빌[1]과 샬롯에 다녀오신 여행에 대해서도 쓰셨지요. 빌리 선데이의 노래를 들으실 수 있었다니 기뻐요. 라디오에 대해 듣는 게 재미있어요.

오늘 나의 갈색 드레스가 도착해서 우리들 모두 함께 좋아했어요. 너무 예뻐요. 나는 월요일에 침모에게 소매와 치마 길이를 줄여달라고 부탁했는데, 그 두 가지 말고는 정말 잘 맞아요.

나는 오늘부터 두 달 후, 4월 22일에 출항할 예정이라, 이 편지를 받으신 후에 내가 일본을 떠나기 전까지 편지를 내게 부치실 시간이 없으실 거예요. 어떤 땐 편지들이 3주 정도 걸려 오기도

---

1   페이엣빌(Fayetteville)은 미국 노스캐롤라이나주의 도시이다. 컴벌랜드 카운티에 위치해 있으며, 인구는 20만 명이다. 1794년 이전에는 페이엣빌이 노스캐롤라이나주의 주도였다.

하니, 어쩌면 요코하마로 편지를 부치실 수 있을 거예요. 선박회사에서 아래와 같이 편지의 주소를 쓰라고 하더군요. "애나 매퀸, 폴 르켓 선박의 승객, 마르세유로 항해중. 메사제리에 해운[2], 일본 요코하마"

같은 방법으로 제게 보내실 편지, 쪽지 혹은 엽서 등을 이집트의 베이드 항구로, 그리고 카이로에서는 Y.M.C.A를 통해, 예루살렘에서는 미국 커뮤니티 하우스의 주소를 이용해서 부쳐주세요. 우리는 팔레스타인을 제일 먼저 갔다가 돌아와서 이집트를 둘러 볼 계획이에요. 그리고 6월 13일에 알렉산드리아에서 "스핑크스 선"으로 출항하는데, 카이로보다는 그곳이 더 나은 주소일 것 같아요. 내게 보내는 우편물은 틀림없이 선박회사를 통해 받게 될 것이지만 다른 것들은 조금 확실하지 않아요. 상사를 통해 마르세유나 파리로 보낸 우편물은 분명히 받을 거예요. 마르세유에는 6월 15일에 도착할 예정이고, 내게 보내는 편지의 주소에는 "이름, (마르세유행) 증기선 스핑크스호, 메사제리에 해운, 마르세유, 프랑스"로 적으시면 됩니다.

유럽 대륙을 떠나기 바로 전에 파리에 갈 것 같은데 같은 회사의 주소로, 거기에선 "8 bis rue Vignon"으로 적는데, 그 곳에서 우편물을 받을 수 있을지 잘 모르겠어요. 중요하지 않은 쪽지라면

---

2 메사제리에 선박회사(Messageries Maritimes)는 프랑스 상선회사였다. 1851년에 Messageries nationales(나중에 Messageries impériales 라고 함)로 설립되었고, 1871년부터 Compagnie des messageries maritimes로 개편되었는데, 흔히 MesMar 또는 이니셜인 MM으로 알려졌다. 흰색 바탕 빨간색 모서리에 MM이라는 문자가 있는 직사각형 모양의 깃발은 해상운송업계, 특히 유럽-아시아 무역로에서 유명했다.

"8월 전에 찾아가지 않으면 폐기할 것"이라 쓰고 모험삼아 보낼 수도 있겠지요. 우선 나는 로마에 가고 싶은데, 그 곳에서 어디에 머물지 모르니까 호텔에서 추천하는 여성 숙소의 자매 호텔인 Angleterre로 카드를 보내셔도 좋겠어요.

만일 누구든지 나를 유럽에서 만날 계획이라면 내가 이 나라를 떠나기 전에 알아야 하니까, 편지나 인편으로 나에게 알려주세요. 마르세유에서 이탈리아로, 그리고 스위스, 그 후에 파리로 가려는 게 현재 우리의 계획입니다. 나와 4번째로 캐빈을 함께 쓰는 동료에게 받은 편지를 동봉하며, 아마도 듣고 싶어 하실 여행에 관한 다른 소식들도 알려드리는 게 저의 일정입니다.

앨라는 코이트양이 오늘 밤 이 곳으로 돌아와서 이번 주의 방문을 해줄 것을 기대하고 있어요. 우리는 지난 주에 집에서 발렌타인 파티를 했답니다. 젊은 층들이 파티를 준비했어요. 우리의 손님들로는 하퍼 양, 뉴먼 양, 그리고 폰테인 양이 있었어요. 휴 양은 조지아와 메서와 함께 왔고, 보이어와 스위코드는 챨리 윌슨과 함께 왔어요.

모든 부서가 금요일 저녁에 있었던 발렌타인 파티를 위해 이 곳에 왔어요. 우리들의 방들은 대부분 하트로 장식되었고, 파티는 아주 훌륭했어요. 우리는 몇 가지 적당하게 어울리는 게임을 했지요. 음식으로는 색깔 입힌 딸기 아이스크림과 작은 케이크, 그리고 집에서 만든 캔디가 있었어요. 스와인하트 부인이 그녀가 돌보고 있는 몇몇 과부들에게 닥터 레비가 일에서 쓸 수 있는 수건을 만들도록 했는데 그것들은 커다란 하트 모양의 상자 안에 있었고,

파티에서 엘라가 그것을 건네 드리면서 동봉해 있던 미리암이 쓴 시를 낭송했어요. 금요일에 왔던 우리 손님들은 월요일 아침 일찍 떠났습니다.

이제 10시가 지나서 그만 써야겠어요.

사랑을 담아서 보냅니다.

증기선 폴 르캣의 항해 일정.
요코하마 4월 25일 도착, 이틀 정도 머묾
상하이 5월 1일 출범, 이틀 정도 머문 다음
홍콩 5월 4일 출범, 12일 정도 머문 다음
사이공 5월 10일 출범, 3일 정도 머문 다음
싱가폴 5월 12일 출범, 12시간 정도 머문 다음
콜롬보 5월 18일 도착, 16시간 정도 머묾
지부티 5월 26일 도착, 12시간 정도 머묾
수에즈 5월 30일 도착, 3시간 정도 머묾
포트사이드 5월 31일 도착, 10시간 정도 머묾
마르세유 6월 5일 도착
"이 상세한 날짜들은 계획된 항해를 위해 대략적으로 초안으로 작성된 것입니다"

1924년 3월 15일

광주, 한국

사랑하는 가족들에게,

오늘 저녁에 내가 가르치는 6학년 학생들의 연극 연습을 위해 만나기로 했는데, 가기 전에 편지 쓰기를 시작합니다.

토요일 밤에 바로 위까지 썼는데, 지금은 화요일 밤이에요. 그 연극은 전체적으로 너무 길었기 때문에, 우리는 이번 주에 그 길이를 줄여야만 해요. 여학생들은 입장료로 어른들에게는 15센트를, 학생들에게는 7.5센트를 받으려고 하는데, 그 돈으로 지금 우리에게 하나도 없는 과학 기구들을 살 기금을 마련하려고 한답니다. 이런 방법으로 수입을 올려보기는 처음이고, 경찰서의 허가와 같은 절차를 밟아야만 합니다.

아이린! 오늘 내 드레스가 도착했는데 둘 다 모두 바로 내가 필요로 하고 원하는 것들이에요. 나에게 가장 잘 어울리는 것들로 고르는 일을 멋지게 하시느라 보내신 많은 시간과 수고에 진심으로 감사드려요. 나에게 보내주신 모든 것들은 품질도 좋고, 든든하고, 실용적이며 분명히 새 것인데다 스타일도 멋져요. 그리고 나를 위해 만들어 주신 모슬린 드레스에 대해 감사드려요. 앞으로 매번 이 드레스를 입을 때마다 나는 이렇게 아주 유용한 선물을 주신 당신의 사랑과 사려깊으심을 생각하며 감사드릴 겁니다. 또한 옷깃, 소맷부리, 베일, 그리고 겨드랑이 밑 땀받이처럼 유용한 것들을 여분으로 챙겨 넣어주셔서 얼마나 좋은지 몰라요. 특히 거즈와 크레이프 옷감을 받고 너무 기뻤는데, 나중에 생각해보니 그것들은 제가 주문했어야 했던 것임을 깨달았어요. 나는 유럽을 여행할 때 여행용 수트 케이스 외에는 아무 것도 들고 가지 않을 계획인데, 트렁크를 마르세유에서 글레스고우로 부쳐야 하기 때문에 짐을 가볍게 하도록 도와주신 것에 정말 감사드려요. 당신이 옳았어요, 가벼우면서 구겨지지 않고, 멋있으면서 단순한 여행용 실크 드레스가 이런 여행에 정말 적합합니다. 오늘 침모와 함께 있는데, 그녀는 허리띠 있는 곳을 조금 고칠 거예요. 그 밖에는 모든 것이 잘 맞아요. 모슬린 드레스를 곧바로 입어봤는데 그것 역시 아주 잘 맞아요. 우리 침모의 솜씨가 아주 뛰어나긴 해도 내가 원하는 것을 지시할만한 시간이 내게 없기 때문에, 이렇게 이미 다 만들어진 옷을 받게 된 것은 분명히 아주 기쁜 일입니다. 오늘 나는 어느 장소에, 언제 새 학교 건물을 지을 건지 중요한 일들을 의논하는 도중에 잠시 시간을 냈기 때문에 침모를 서두르도록 해야 했습니다. 물론 학교를 지을 돈은 없지만 어느 정도 전체적인 계획을 진행하고 싶었고, 보다 구체적인 계획들은 기금을 확보하는데 도움이 될 것입니다.

어제 엘라와 엘리제는 10일반 성경 교실을 가르치러 목포로 떠났습니다. 나는 11시 기차로 도착하는 하퍼 양과 폰테인 양을 맞기 위해 9시까지 내 방을 준비해야 하는데, 그들은 엘라가 떠난 다음 복도 건너편에 있는 그녀의 방으로 옮겨질 거예요. 둘 다 치과의 일을 담당하러 오는데, 하퍼 양은 학교 짓는 계획을 세우는

위원회에 속해있지요. 전에 건축사였던 티몬 박사님도 그 위원회에 속했기 때문에 우리를 돕기 위해 전주로부터 왔으므로, 우리는 오늘부터 작더라도 무언가 시작하게 될 거에요.

우리와 저녁에 함께 있던 조지아가 오늘 저녁 식사를 마련했어요. 하퍼 양은 저녁 식사 후에 떠났습니다.

뉴랜드 부인은 일 주일 넘게 늑막염을 앓았어요. 그녀의 어린 아기는 보기 드물게 사랑스럽고 정말 예쁘답니다.

참! 우리 항해가 진전 되서 "앙코르"에 가게 되었고, 이제 고베로 4월 17일에 떠나는 일정이 잡힌 것을 먼저 말하려고 했어요. 새 학기가 시작되는 4월 초에 마가렛을 돕기 위해 이 곳에 머물고 싶었기 때문에 그 시간은 정확하게 잘 맞았고, 이제 앙코르 항해가 8일에서 17일로 지연되었다는 것을 알고 그 곳으로 가기로 결정하게 되었지요. 폴 르켓처럼 멋진 배는 아니지만, 우리가 조금 일찍 떠나고 집으로 일찍 돌아오게 되는 것이 좋아요. 우리는 글래스고에 7월 15일 경의 통행권 예약을 요청했지만, 우리가 유럽에 가게 되는 정확한 항해 날짜를 알 수 없기 때문에 언제 내가 집에 가게 될지는 말할 수 없어요.

지금 우리는 3월 26일에 있을 졸업식 준비를 하고 있어요. 학기는 4월 2일에 시작될 예정이라 바쁜 일정이 앞에 기다리고 있습니다.

수요일 – 아이린! 오늘 나는 모슬린 드레스를 어울리게 입었는데, 얼마나 근사하게 잘 맞는지 이제 알게 되었어요. 모두가 그 드레스를 갖고 싶어 해서 나는 드레스를 감추고 자물쇠로 잠가놓

겠다고 말했어요. 침모는 나에게 아주 소박한 스타일의 폰지 드레스를 만들어 줬어요. 쿡의 책에서 본 건데, 두 갈래로 나뉜 스커트를 입으면 예루살렘에서 나귀를 탈 때 아주 좋을 것 같았어요. 그래서 스커트와 짧은 바지를 만들려고 싼 카키 천을 조금 샀고, 블라우스를 만들 폰지를 구하러 갔을 때 드레스용으로 중국인이 파는 짜투리 천을 구해야겠다고 마음먹었습니다. 내가 만들 유일한 드레스일겁니다.

곧 다시 만나기를 바라면서 많은 사랑을 보냅니다.
애나 드림

1924년 4월 18일, 금요일

고베, 일본

사랑하는 가족들에게,

맞아요, 나는 이렇게 집에서 멀리 떠난 길에 있는데, 이따금 내가 지금 가장 빠른 길로 집으로 가는 중이라면 얼마나 좋을까 하는 생각을 하고 있어요.

나는 화요일 아침 7시에 광주를 떠났어요. 엘라가 나와 함께 두 시간 가량 함께 가다가, 그녀의 시골 교회들 중 몇 군데를 가려고 3주 여행을 위해 기차에서 내렸어요. 나는 하루 종일 걸려 저녁 7시에 부산에 도착했고, 8시 30분에 페리선에 올랐어요. 우리는 일본의 시모노세키에 아침 7시에 도착할 예정이었는데, 안개가 너무 심해서 9시 40분에나 도착했어요. 급행은 9시 45분에 떠나기로 되어 있어서, 남자들이라면 뛰어갈 수 있었겠지만 나는 이미 여행을 잠시 중단하고 시모노세키에서 며칠 쉬기로 했어요.

내 짐들의 세관검사를 마치고 나는 인력거를 타고 언덕 위에 있는 N.P. 여학교로 갔습니다. 이 학교에 우리 여학생들을 보내게 된다면 정말 좋을 거라는 생각을 했었기에, 기회가 있을 때 내 눈으로 보고 싶었거든요. 그리고 우리 학교의 다음에 지을 건물 계획을 돕게 될 것이기 때문에, 나는 그 학교 건물들에 흥미가 있었어요. 커티스 부인이 와서 학교 전체를 보여주었는데, 인력거가 떠나버린 것을 내가 알아채기 전에 커티스 부인은 주방장에게 내가 점심을 먹고 간다고 연락을 했습니다. 커티스 부부는 한국에서 일본인들과 일을 하곤 했으며, 광주에 있을 때 선교지에 이따금 들르곤 했지요. 내 짐들을 호텔에 두고 왔기 때문에 그 곳으로 돌아가야 한다고 말을 했지만 그녀는 나를 붙잡았고, 결국 나는 점심과 6시의 저녁 식사까지 함께 한 다음에 기차를 타기 위해 인력거로 돌아갔어요. 하루 종일 비가 내렸고 거의 하루를 예쁘게 손질된 그들의 집에서 함께 즐거운 시간을 가졌어요. 오후에 그 학교에 다시 갔고, 그 건물을 스케치를 했어요. 참, 아마 내가 전에 말했을지 모르는데, 커티스 부인은 잘 알려진 목회자 A.T. 피어슨 박사님의 따님이에요.

내가 플래즌튼 호텔에 '기차역으로 사람을 보내달라'고 부탁을 해두어서, 키가 작고 친절한 일본인 사환이 거기에 있었어요. 우리는 함께 호텔로 걸어왔는데, 오는 길에 아주 멋진 신도(神道) 행렬이 있어서 오랫동안 멈춰 서서 구경했어요. 이상한 광경을 재미나게 보았지만, 그 행렬의 끝이 나지 않을 것 같아서 마침내 우리는 호텔로 가기로 했어요. 위의 내용을 쓰면서 나는 '옷을 갈아입고 다시 밖으로 나가 그 행렬이 돌아오는 것을 볼 수 있을까' 하는 생각을 하고 있었는데, 보세요! 그 행렬이 나의 창 앞을 지나기 시작해서 나는 모든 걸 멈추고 15분 아니면 조금 더 오랫동안 밖을 쳐다보고 있었어요. 어제 사환의 말로는 그 행렬 안의 수백 명의 사람들, 젊은 사람, 늙은 사람 모두가 마을 안의 모든 길을 걷고 또 걸어서 오늘 오후에 돌아온다고 했어요. 거기에는 다섯 살쯤 되어 보이는 어린아이들이 많이 있었는데, 그 아이들이 진한 화장과 정교한 치장으로 꾸미고 인조 벚꽃 등으로 화려하게 장식된 인력거에 타고 있었으며 어제는 그 아이들 뒤에 각각 다른 인력거 안에 있는 엄마들을 보았는데, 조금 전 돌아오는 길에 보니 그 가운데 몇몇 엄마들이 팔에 아기들을 안고 있었어요. 말 위에는 승려들도 있었습니다. 대부분의 사람들은 무거운 깃발과 등불 같은 것을 지고 걸었고, 어떤 사람들은 걸어가면서 춤을 추기도 했는데 얼굴의 땀을 닦으며 쉬는 장소들도 있었어요.

시골에서 오면서 나는 오늘이 성금요일이고 일요일이 부활절이라는 것을 실감하지 못하고 있었어요. 그리고 만일 실감하고 있었어도 오늘이 바로 모든 외국 공관, 은행, 영사관 등이 "법적 공휴일"로 문을 닫는 날인 금요일이었기 때문에 나는 몰랐을 거예요. 내가 탈 배가 4시 전에는 떠나지 않을 거라서 아침에 쉽게 영사관에 들러 비자를 받을 수 있고, 운이 좋게도 아침에 가야하는 모든 장소들은 편리한 곳에 위치하고 있었어요. 나는 오늘 감리교회의 여자대학을 방문하려고 했었는데, 오늘 아침에 그 곳에 가지 않고 그 대신 성금요일 행사를 관광하겠다고 결정했지요. 그 다음에서야 일부 학교들은 1주일간 휴교를 한다는 소식을 들었어요.

필요한 시간보다 조금 일찍 도착을 했지만 나는 마지막 수속하는 것을 서두르고 싶지 않았고, 황해 쪽으로 항해를 시작하기 전에 조금 쉬면서 이 편지를 쓰고 싶었어요. 집에서의 마지막 며칠은 정말 힘들었지요. 아무리 일찍 시작한다 해도 언제나 마지막에 해야 하는 일들이 있으니까요. 거의 모든 짐은 일찌감치 싸놓고 조선인들과 작별 인사를 하러 들르는 또 다른 사람들에게 예의를 갖춰 인사를 잘 했는데, 방문객들은 나의 마지막 오후와 마지막 밤 시간을 실제로 거의 다 차지했어요.

엄마! 사람들이 엄마를 위해 나에게 준 선물들에 감사드려요. 졸업식 날, 새 일본인 교사인 타코아 부인은 미국인들이 일본인들처럼 팔꿈치에 쿠션을 사용하지 않는다면 의자에 앉을 때 머리를 위해 쓸 수 있을 거라고 말하면서 비단으로 만든 작은 쿠션을 줬어요. 세이차이 에미니는 엄마의 이름으로 감싸여진 부채를 줬고, 가정부는 은반지를 엄마에게 드리라고 줬으며, 여러 사람들이 엄마에게 특별한 인사를 전했어요. 그리고 어떤 나이 많은 부인이 내가 전보다 훨씬 많이 나이 들어 보이기 때문에 엄마가 나를 보시면 슬퍼하실 거라고 한 말을 꼭 해야겠어요. 그래서 나는 사라 루이스에게 '엄마에게 내가 주름살 몇 개가 늘었고 나이도 더 들었다는 편지를 써서 엄마의 마음을 준비시켜야겠다'고 말했더니, 그녀는 글쎄, '어쨌거나 당신은 미국을 떠날 때보다는 더 좋아 보여요(건강해보인다는 의미)'라고 말했어요.

이 방안의 옷장에는 긴 거울이 있는데, 나를 살펴보니 지금 나의 새 모자, 코트, 실크 드레스와 구두는 모두 멋지게 잘 정돈되어 보이지만 내가 노스캐롤라이나에 다다를 때는 어떻게 보일지 약속할 수가 없네요.

캐나다에서 온 린제이 양이 어제 오후에 나를 찾아왔는데 그녀에 대해 좋은 인상을 갖게 되었어요. 우리는 내일 증기선을 타러 같이 가는데, 코이트 양과 케슬러 양이 합류하기 전까지는 그녀와 선실에 같이 있게 될 거에요.

플로렌스와 윌! 내 구두와 침실 슬리퍼 등 모든 물건들이 좋은 상태로 세금도 내지 않고 제 시간에 도착하게 되서 아주 기뻐요. 윌! 물건들을 아주 잘 묶어준 것 고마워요. 모든 수고에 감사하면서 또 다른 부탁을 해도 될까요? 기차요금 할인증명서를 위해 편지를 써놓았는데, 그들이 당신에게 증명서를 배달하도록 요청하는 내용을 함께 적어 담당하는 곳으로 보내준 다음 7월 초에 뉴욕 렉싱턴 에비뉴 541번지에 있는 성경학교로 부쳐주세요. 내 생각에 호텔보다는 그 주소가 안전할 것 같은데, 겉봉에 "찾으러 갈 때까지 보관해주십시오"라고 적어주시길 부탁드려요. 나의 우편물 대부분은 내가 집에 갈 때까지 기다릴 수 있겠지만, 가족들은 "541 렉싱턴 에비뉴" 주소로 조금 보낼 수도 있어요.

다른 편지도 좀 더 써야 하고 내 옷 가방도 다시 싸야 하기 때문에, 오늘은 여기에서 그만 써야겠어요. 언제쯤 짐 싸는 일을 모두 그만 두게 될런지요. 제일 커다란 증기선에 탈 때는 트렁크 하나, 그리고 팔레스타인과 유럽을 여행할 땐 그냥 옷 가방 하나만 가지고 가려고 해요.

내 기억력이 좋지 않아서 나중에 기억하지 못할 테니까, 할 수 있는 한 여행 도중에 편지를 써서 보관했다가 보내야겠어요.

모두에게 큰 사랑을 보냅니다,
애나

1924년 10월 27일

협회 직업훈련소
리치몬드, 버지니아

페이엣빌 장로회 목사님들께

동역자님들께,

페이엣빌 장로회의 청지기부서에서 장로회 안의 모든 교회들에게 12월 14일 광주여학교의 장비 구입을 위한 헌금할 것을 권했다는 소식을 듣고 기뻤습니다. 그 이후에 저는 협회 부서에서 여러분들의 교회들에게 다른 헌금 목표액을 할당했다는 것을 알게 되었어요.

하지만 협회 부서는 우리 전체 교회를 통틀어 모든 청년협회에게 그들의 12월 14일의 헌금을 광주의 통합된 여학교에게 보내도록 요청했습니다. 저는 이 편지를 통해 여러분의 교회 안의 젊은이들이 이 헌금에 관심을 갖고 참여하도록 권해주실 것을 부탁드립니다. 저는 외국 선교부서에 부탁해서 제가 학교에 관해 쓴 책자를 두어 편 정도 동봉할 것을 요청하겠습니다. 그 책자를 여러분들의 부서에 관심 있는 분들에게 주어 읽게 해주세요. 우리는 매 주 교회 주보에 젊은 사람들의 주간 행사에 이용되기를 바라는 짧은 이야기들을 올립니다.

베풀어주실 수 있는 모든 협조에 감사드립니다.

애나 매퀸 드림

1924년 10월 27일

직업훈련소

버지니아, 리치몬드

사랑하는 후원자님들께,

오랜만에 여러분들께 공동으로 편지를 씁니다.

나는 4월 15일에 광주를 떠나서 며칠 뒤 일본 고베에서 프랑스 증기선으로 항해를 시작했어요. 린제이 양, 케슬러 양, 그리고 코이트 양들과 동행합니다. 가는 도중에 다음의 항구들에서 멈췄어요: 상하이, 홍콩, 사이공, 싱가포르, 콜롬보, 지부티, 아프리카.

우리는 세이드항에서 배를 떠나 팔레스타인에서 5일, 그리고 카이로에서 하루를 지냈어요. 우리에게 시간이 좀 더 있었으면 좋았겠지만, 우리는 허드슨 차에서 팔레스타인 구경을 했기 때문에 주요 도시들만 보기로 했어요. 예를 들면, 하루는 아침 여섯 시에 예루살렘을 출발해서 겟세마네 동산에서 시간을 조금 보낸 다음에 사해, 요단강, 그리고 여리고로 갔어요. 11시에 돌아와서 우리는 짐들을 들고 디베랴에 도착해서 그날 저녁 해질 무렵에는 갈릴리 호수에 도착했지요. 우리는 1시에 쉬었고, 야곱의 우물에서 점심을 먹었어요. 물은 차갑고 시원했어요. 우리가 거기 있는 동안 한 여인이 머리에 물동이를 이고 물을 길러왔는데, 내가 그녀의 사진을 찍도록 해줬어요. 그날 오후에 우리는 나사렛에서 한동안 머물렀고, 다음 날 다시 하이파로 향했어요. 팔레스타인 여행에서 나는 전혀 실망하지 않았고, 거룩한 땅을 보게 된 것은 비록 집으로 가는 길이 더 오래 걸리더라도 그만한 가치가 있었어요. 그 외에도 나는 유럽에서 5주간 즐거운 관광을 하였지요.

나는 이 곳에서 두 달간의 성경 공부 후에 로우랜드로 돌아갑니다. 나의 시간과 생각은 성경공부와 나의 학교의 장비들을 구입하기 위한 광고 활동 사이에서 나뉘어져야 했지만, 나는 이렇게 공부하게 된 멋진 기회를 즐기고 있습니다. 장비기금위원회는 우리 전체 교회의 젊은 사람들에게 12월 14일에 광주 여학교를 위한 헌금을 해달라고 부탁을 했습니다. 여러분들도 이번 헌금에 젊은 이들, 어른들을 도와서 할 수 있는 만큼 참여해 주시겠어요? 책자 하나를 보낼 테니 읽어보시고, 한 사람을 정해 젊은 사람들에게 일부분을 읽어주도록 부탁해 주세요.

베푸시는 모든 도움에 감사드리며,
애나 매퀸 드림

내슈빌, 테네시, 1924년 11월

1925년 9월 14일

광주, 한국

고향의 친구들에게,

날씨가 춥고 안개가 꼈지만 바다가 잔잔해서 태평양을 건너는 여행을 무사히 하게 되어 감사드려요. 나는 '캐나다 선'처럼 멋진 배의 일등석을 타는 여행을 해본 적이 없어요. 하지만 중국선원이 파업을 했으니, 얼룩덜룩한 옷을 입은 임시 선원의 서비스가 좋다고는 할 수 없었어요.

나는 내 귀중품들 – 말하자면 새로 마련한 손수건들과 그 밖의 다른 많은 선물들의 안전이 염려되었는데, 나의 "캐빈 보이"가 영국 부인으로 선교사이며 중국에 있는 여학교의 교장이라는 사실을 알고 마음이 놓였어요. 많은 수의 선교사들이 그들의 기지의 영사로부터 파업중인 중국인들을 대신하라는 명령을 받고 미국으로 가고 있었어요. 어떤 사람들은 일도 하고 관광도 하면서 자기들의 선교 본부로 돌아가는 것이 허락되기를 희망하며 같은 배로 왕복 여행을 했어요.

8월 22일에 나는 광주에 도착했습니다. 한국인의 풍속을 따라 많은 한국인 교인들이 나를 맞기 위해 기차역에 나와 있었고, 나의 처음 며칠은 한국인 방문객들을 만나며 모두 써버렸습니다.

나는 외국인인 우리들을 진심으로 환대하며 친절하게 대해주는 한국인들에게 감명을 받았어요. 정말로 우리의 여정이 아름다운 곳에 도착한 것입니다.

학교는 9월 2일에 개강하였고, 나는 이제 안정을 찾고 일상적인 업무에 돌아왔어요. 나는 6월에 있었던 선교회의에서 나의 교장직 해임 요청을 수락했다는 사실을 알고 나서 기뻤습니다. 내가 없는 동안 내 대신 일을 해준 마가렛 머린 양이 내년 그녀의 일시 해고 전까지 교장의 일을 계속하기로 했습니다. 내 담당은 여학교의 종교부장입니다. 그 말은 성경을 가르치는 것; 내가 가르치지 않는 학년의 성경 과목을 감독하는 것; 예배 시간 감독; 여학생들의 개인 사역과 그들의 가정방문; 여학생들의 체육과목, 사회과목, 그리고 여학생들의 많은 주일학교 일과 학교 내에서의 모든 종교에 관련된 일들의 감독 등을 뜻합니다. 오랜 기간의 관리 업무, 그리고 광범위한 종류의 온갖 세세한 일들에서 오는 긴장 이후에 내가 가장 좋아해온 일들에 나의 모든 시간을 쓸 수 있게 된 것은 아주 큰 기쁨입니다.

우리는 모든 10학년 학생들에게 날마다 성경을 가르칩니다. 나는 3개의 고등학생 학급을 가르치는데 한 학급에서 시도해보는 턴벌 박사님의 창세기 교수법이 참 좋습니다. 나는 여러분이 나의 업무, 문제들, 그리고 계획 등에 대해 알고 계시기를 원합니다. 그것으로 여러분이 기도하실 때 나에 대해 좀 더 확실하게 기억하실 수 있기를 바라기 때문이지요.

나의 우선적인 문제들 가운데 하나는 지난 6년 동안 나의 보호 아래 있던 향기와 은택이를 앞으로 어떻게 할 것인가 하는 것에요. 아마도 여러분들은 한국에서는 원할 때 언제나 이름을 바꿀 수 있다는 것을 아신다면 흥미있어 하실 겁니다. 은택이의 이름은 전에 소택(소태기라고 발음함)이었어요. 그녀는 떨어져서 팔이 부러졌지요. 그녀는 은으로 된 철사가 필요한 수술을 했으며, 여러 달 동안 아주 심한 고통 속에 병원에서 지냈어요. 그녀의 학교 친구들은 그 당시에 그녀가 복을 아주 많이 받았다고 (내가 그녀의 수술비를 지불했어요) 말하면서 그녀의 이름을 '작은 복'에서 은혜와 축복 혹은 은택이라고 바꿔야 한다고 했고, 병원에 있는 동안 그녀의 이름을 바꾸었어요.

(이후의 내용은 읽을 수 없음)

1926년 8월 19일

그래함 캠프

사랑하는 친구들께,

저는 이곳 산꼭대기에서 5주쯤 지내고 있습니다. 우리는 일주일 뒤에 골짜기에 있는 우리의 일터로 돌아갈 계획입니다. 2년 전 C.E. 그래함 부인이 이 지리산 농장을 계약해서 사용하도록 한국 선교부에 1만 불을 보내와서 선교사들의 여름 휴가지로 개발되고 있습니다. 그 기금의 일부로 협회에서는 5백 불 정도 되는 오두막을 여러 채 지었는데 이번 여름에 나와 벨 부인, 그리고 윌리엄 벨 씨가 그 가운데 한 채를 빌린 것이지요.

이 캠프는 아름다운 곳에 자리 잡았어요. 여러분들이 이 아름다운 주변 환경을 보실 수 있으면 얼마나 좋을까요. 산책을 나갈 때면 바깥의 풍경이 노스캐롤라이나의 서부 지역과 무척 많이 닮았기 때문에 내가 한국에 있다는 것을 거의 잊을 수 있어요. 우리가 지내는 곳은 고도 3500 피트라서 공기는 시원하고 아주 상쾌한데, 오늘 공기는 제게 좀 차가왔지요. 바로 곁에 일반 기름 드럼통이 절반 잘린 게 있고, 그 안에는 우리의 아침 식사를 요리하고 남은 숯불이 있어요. 우리 요리사가 식재료를 손질해서 그 숯불 드럼통 위에서 요리한다는 것이 얼마나 대단하지요!

우리는 대부분의 시간을 공부하고, 가을과 겨울 학기에 가르칠 성경 과목을 준비하며 보내고 있어요. 저는 또 여러 권의 좋은 책들을 읽는 즐거움도 누리고 있어요. 어제는 『인디언의 길』이라는 책 읽기를 마쳤는데, 만일 흥미로운 선교사 책을 읽고 싶으시다면 이 책을 추천하겠어요. 하지만 여러분도 이 책의 마지막 장에서 이 책의 저자가 이방 종교의 너무 자유로운 관점을 택했으며, 너무나도 타협할 준비가 된 것처럼 보인다는 제 의견에 동의해주리라 믿어요.

근처에는 멋진 산책로들이 있고, 하이킹은 우리들이 가장 좋아하는 운동이지요. 우리들은 일몰 공원, 사자 머리, 그리고 꽃길 등으로 소풍을 가고, 산등성이에서 아침식사를 지었어요. 이곳에는 야생화들이 엄청나게 많이 피었답니다. 커밍 씨는 우리 학교를 위해서 이곳에 있는 모든 야생화 종류를 수집하고 싶어 했는데, 상품을 내걸자 캠프에 있는 아이들이 80여 종류를 가지고 왔지요. 시합이 시작된 다음 다른 종류의 꽃들이 피기 시작했고, 그는 또한 몇 종류의 뱀들을 병 속에 모으고 있어요. 저는 이번 겨울 동안 우리가 박제한 새들, 야생 꿩들, 그리고 학들을 우리 전시실에 들여놓기를 바라고 있어요. 왜냐하면 동양인들은 이런 학교 물품들을 가장 중요한 것들로 여기고 있기 때문이지요.

여러분! 혹시 우리 광주여학교에 관한 기쁜 소식을 들으셨는지요? 미국에 소식이 전해졌는지요? 저는 7월 9일에 윈스보로 부인에게서 "성공"이라는 한 단어가 들어있는 전보를 받았어요. 저는 보조단체가 내년 창립기념일 헌금을 우리 여학교로 보내기로 결정한 내용이 담긴 그 한 단어를 듣고 나서 너무나 기뻤습니다. 우리를 위해 기도로 협력해 주신 여러분들은 하나님께서 주신 이

응답에 우리와 함께 기뻐하실 것을 잘 알아요.

학교는 7월 17일에 문을 닫지만, 그 다음 주 월요일 아침에 교사들, 주간부 학생들, 그리고 몇몇 졸업생들이 찬양예배로 모이기로 했습니다. 우리는 지난 3년 동안 장비 마련을 위한 연속 기도를 드려왔는데, 이제 하나님 아버지께서 우리 기도를 들으시고 응답해주심에 기쁨으로 감사를 드립니다. 학교의 등뼈가 되는 여신도들과 함께 우리는 장비 구입에 필요한 기금이 확실하게 마련되었음을 분명하게 믿고 있어요. 하지만 우리는 계속해서 기도드려야 합니다. 보조 단체에서 내년 5월에 보내올 창립기념일 헌금이 차고도 넘칠 것을 위해 함께 기도해주세요.

마틴 양이 6월 1일에 무급 휴가를 떠나서, 저는 학교 행정업무의 책임을 다시 맡게 되었어요. 제가 혹시 내년에 교장직을 계속해서 맡게 될까 우려했는데, 연례 선교회에서 저의 편리를 고려해줘서 미스터 커밍을 교장으로, 저를 학장으로 임명함으로 문제가 해결되었습니다. 인력이 부족했기 때문에 그는 계속 50마일 떨어진 목포에서 살 것입니다. 하지만 기차 일정이 좋아서 그는 일주일에 이틀을 광주의 여학교를 위해 쓸 계획입니다. 학교의 대표 자리에 훌륭한 남자교사가 있게 되고, 이제 틀림없이 학교 건물이 설계되고 세워지게 되니 얼마나 멋진 일인지요. 게다가 정부 관리들과의 어렵고 중요한 외교적 관계에는 남자가 필요하니까요. 이러한 조치가 저에게 복음 전도 사역할 시간을 더 많이 주기 때문에 저는 퍽 기쁩니다.

저와 개인적으로 만나는 여학생들과 교사들을 통해 저에게 지혜와 능력이 주어지도록 기도 부탁드려요. 전에 우리 졸업생 가운데 한 명이 저학년 성경교사를 하면서 기숙사 감독도 했었어요. 그런데 그녀가 결혼을 하게 되서 이번 가을에 저는 북부 지방에서 오는 새로운 교사를 훈련시켜야 합니다.

그리고 우창과 밤촌 지역에 있는 주일학교 사역을 위해 계속 기도해주세요. 이 마을들은 서로 가까운데, 저는 이 두 마을에서의 사역을 도와 왔습니다. 우창에는 앞이 보이지 않는 늙은 할머니 한 분이 계시는데, 진실한 기독교인이며 세례 받을 준비가 됐다고 믿어집니다. 다른 여인들은 처음에 보였던 흥미를 잃고 무관심하게 보입니다. 우리 학교의 보모가 이 곳 밤촌에서 고참 노동자인 셈인데 어린이들 외에 10명에서 15명 쯤의 여인들이 정기적으로 출석합니다. 이 가운데 몇 명은 그들이 믿는다고 말하면서, 우리가 그들에게 가르치는 간단한 수업을 배우려고 아주 진지하게 노력하지요. 특히 그 중에 여러 명이 용님에 있는 주일 오후 예배에 참석하는 것을 보고 힘을 얻었습니다. 대부분의 가난한 마을에서는 밭일을 하면서 번갈아 가며 돕는 풍습이 있기 때문에, 주일날 일을 하는 것이 가장 큰 유혹이 됩니다. 그들은 예수님 안에서 아직 어린 아기이고, 그들의 불신 환경에서 오는 유혹을 이겨낼 만큼 충분히 자라지 못한 것이지요.

그 마을의 한 남자가 여러 달 동안 정기적으로 교회 예배에 참석을 해왔습니다. 그는 자기의 상투 머리를 자를 거라고 말을 했는데, 그것은 그가 철저한 기독교인임을 의미하게 됩니다. 이 새로 믿는 신자의 집에 우리 여학교의 교사인 윤 씨가 있는데, 그는 남자들과 소년들을 위해 중등 교실을 시작했습니다. 얼굴이 환한 한 어린 소녀는 가족들과 동네 사람들에게 강아지라고 불리웁니다. 제가 그들에게 '그 아이는 자기 이름인 복순이라고 불려야 한다'고 말했더니, 그들은 모두 웃었어요. 복순이의 부모님과 다른 어린이들의 부모님들 마음이 예수님을 아는 지식의 환한 빛으로 곧 밝아지기를. 그리고 그 어린이들에게 우리의 기독교식 학교에 출석하게 되는 기회가 주어지기를 바랍니다.

이제 저는 일하러 돌아가고 싶은데, 내년에 후덥지근한 장마철이 오면 분명히 지금 우리가 부르는 이 노래가 정말 간절하게 들릴 겁니다. "내 고향으로 날 보내주" 곡조에 맞춰 부르는 노래에요.

"지리산으로 날 보내주,
봉숭아, 자작, 단풍나무 자라고,
구름이 우리를 둘러싼 그 곳,
아버지 사랑을 알게 된 그 곳,
초롱꽃, 라일락, 길 가에 피고
이끼 낀 바위에 숨을 돌렸네,
별들이 우리를 맞아주던 곳,
더 편안한 곳 세상에 없도다"

애나 매퀸 드림

내슈빌, 테네시, 1926년 10월

주소: 미스 애나 매퀸, 한국, 광주

우표: 편지 5전, 엽서 2전

1927년 8월 11일
한국, 광주

사랑하는 동역자들께,

이번 여름, 찌는 듯한 열기를 피하려고 저는 광주에 있는 무등산으로 3주간 피서를 와있습니다. 3200 피트 높이에 있는 산이에요! 무등산의 이름은 "비교할만한 것이 없는 산"이라는 의미인데, 우리는 짧게 "무디"라고 부르지요.

지난 며칠 동안 우리는 겹겹이 둘러싼 구름 가운데 지내면서 우리 영혼까지 살짝 눅눅해진 것 같았는데, 오늘은 정말 기분이 좋은 날씨입니다. 동틀 무렵에 저는 조웻 박사님의 책 『하늘의 삶』을 들고 높은 바위들이 있는 곳으로 나갔어요. 그런데 곧 제 앞에 펼쳐진 최고의 경치 안에서 그 누구도 표현할 수 없는 방법으로 하나님께서 말씀하셨기 때문에, 책이 필요하지 않다는 것을 깨달았지요. 골짜기 너머로 계속되는 구름 바다와 계곡과 아래에 있는 산들 위로 바뀌는 전망을 바라보면서, 저는 스위스 혹은 제가 이제껏 보았던 세상의 어떤 곳도 이보다 더 아름다울 수 없다고 확신했어요. 조선이 이렇게 아름다운 나라인 것에 저는 진심으로 감사드립니다.

무디산을 제가 좋아하는 한 가지 이유는 바위들 사이에 근사하고 그늘진 구석이 꽤 많아서 방해받지 않고 조용하게 틀어박혀 공부할 수 있는 곳을 찾을 수 있다는 것이에요. 저는 지금 동굴처럼 생긴 제가 가장 좋아하는 곳에 있습니다. 눈을 들어 보면 언덕, 산, 강, 골짜기 그리고 60마일 떨어진 목포의 바다와 산들을 수평선 너머로 볼 수 있지요.

우리들의 기도가 응답되었습니다. 7월 23일에 윈스보로 부인에게서 "창립기념일 헌금 5만 불"이라고 적힌 전보가 왔어요. 물론 우리는 그 헌금을 통해 대단히 큰 소식을 기대하고 있었지만, 이제 실제로 알게 된 것이 너무나 더할 나위없이 근사합니다. 우리는 이제 염려하지 않고 학교의 비품들을 준비할 수 있게 된 것입니다. 이 헌금이 고등학교 건물을 짓기에 충분하다는 확신이 서자, 이번 여름에 스와인하트 씨와 커밍 씨의 감독 아래 건물의 기초가 시작 되었습니다. 오늘 받은 편지에는 지붕의 대들보를 올렸다는 내용이 있었어요! 나는 다음 주에 돌아가서 날마다 이뤄지는 진행을 바라보는 기쁨을 다시 한 번 누릴 것입니다.

이 건물의 터는 낮은 언덕 위 아름다운 곳으로 건물의 벽은 붉은 벽돌로 지어지고 창문은 돌로 마무리 될 것입니다. 선교 모임에서 이 건물의 이름을 "윈스보로우 홀"로 결정했는데 아주 잘 맞는것 같아요, 그렇지요? 우리 선교부에서 가장 멋진 건물이 될 것이고, 이 공헌을 윈스보로 부인과 지원단체 여성들께 돌립니다.

지난 달에 김최필례 부인이 미국으로부터 광주로 돌아왔어요. 새 학교 건물, 비품 등은 컬럼비아 대학의 학위를 받은 한국인 교사로서의 그녀의 명성과 함께 더 많은 학생들을 모으게 될 것이며, 학교에 새로운 추진력을 더하게 될 것입니다. 최근 몇 년간 입학생 수가 줄고 있는데 그 이유는 정부로부터 인가를 받지 못했기 때문입니다.

창립기념일 헌금은 학교가 인가를 받을 수 있기 위해 가장 필수적인 것들을 갖추도록 쓰일 것입니다. 하지만 그와 동시에 정부 관리들이 학교의 가치를 알아보도록 설득해야만 합니다. 우리가 처음 생각했던 것보다 일본인 관리들을 설득하는 것은 시간이 더 걸리는 것 같지만 "하나님 안에서 불가능은 없습니다." 부디 그들이 학교가 필요로 하는 인가를 내주도록 우리와 함께 기도해주시기 바랍니다.

이 편지에 여러분이 또한 읽어주시기를 바라는 여학생들에 관한 내용을 동봉하기 때문에 더 이상 쓰지 않아야겠어요. 미국에서 오는 편지들은 지구의 다른 쪽에서 정말로 근사하게 보임을 기억해주세요.

창립기념일 헌금으로 감사가 가득찬 마음으로
여러분의 동역자 애나 매퀸 드림

1927년 9월

- 기도 목록 -

노스캐롤라이나의 무어스빌에 있는 여학생 써클에서 광주 여학교의 학생 24명의 이름을 알려달라고 청해왔습니다. 나는 여러분들께 이 여학생들을 위해 기도 해주실 것과 여러분들의 교회에서 최소한 이 가운데 특정한 한 학생의 이름을 불러가며 기도해주시기를 바라면서 그 사본 하나를 동봉합니다.

고등학교 4학년

1. 주형순 - C.E. 협회 회장, 학생회 회장 대리. 머리가 좋고 성실하며 꿈이 많은 소녀입니다. 내년 3월, 그녀의 졸업 후를 위해 기도해주세요. 그녀는 일본 나고야에 있는 골든 캐슬 학교에서 1년을 공부할 수 있으며, 그리고 나면 가르칠 수 있는 자격을 얻게 됩니다. 그녀의 아버지는 한 달에 10불의 월급을 받는 선교회의 순회 설교자입니다.

2. 장희순 - 희순이는 아버지가 교장으로 있는 주일학교의 비서이면서 올갠 반주자입니다. 그녀는 학생들 가운데 올갠을 가장 잘 연주하는데, 그녀가 음악 교육을 계속 받아 음악 교사가 될 수 있도록 기도해주세요.

3. 양삼생이 - 그녀의 아버지 양집사님은 신자가 되고 나서 우

상에 색칠을 하던 직업을 버린 후에 경제적으로 어려움을 겪고 있습니다. 삼생이가 졸업 후에 돈을 벌 수 있는 직업을 갖게 되던지, 혹은 적합한 남편을 만날 수 있도록 기도해주세요.

고등학교 3학년

1. 박영민 – 작년에 학교 전체에서 최우등을 하였습니다. 그녀의 아버지는 죽었고 엄마는 신자인데, 두 오빠들은 아편 중독자이며 모든 것을 도박에 걸고 있습니다. 영민이는 용감하게 학교생활 내내 자기의 길을 헤쳐나가고 있어요. 그녀는 스와인하트 부인의 산업 보조원으로 한 달에 3불을 벌며 그것으로 기숙사 비용을 지불합니다. 그녀가 겪는 경제적인 어려움이 그녀에게 너무 어렵지 않고 그녀가 영적으로 계발될 수 있도록 기도해주세요.

2. 김현순 – 그녀의 아버지는 광주에 있는 가장 큰 교회의 목회자인 김 C.G. 목사님입니다. 훌륭하신 부모님 두 분 덕에 그녀는 상냥하고 사랑스럽게 자란 소녀입니다. 그녀는 이번 여름, D.V.B. 학교의 학생들의 마음을 빠르게 얻었습니다. 그녀 역시 졸업 후 골든 캐슬에서 1년 공부하게 되어 자격증을 딴 교사가 될 수 있도록 기도해주세요.

3. 김언녀 – 순천 지방에서 온 아주 영리한 어린 소녀입니다. 아버지는 불신자임.

4. 박경하 – 병원 경리의 딸. 무엇이든 잘 할 수 있는 소녀인데

건강이 좋지 않아요. 그녀가 육체적으로나 영적으로 잘 계발될 수 있기를 기도해주세요.

5. 정 마디아(혹은 메리) – 또 한 명의 좋은 교사이지만 그녀 역시 좀 더 영적으로 다듬어지길 바랍니다. 기도해주세요.

6. 변미희 – 그녀의 아버지는 벨 박사님의 한국어 교사이며, 목포와 광주에서 일을 시작할 때 도움이 되었습니다. 그는 현재 여자학교의 가정 선교사이며, 여섯 개의 불신자 마을에서 일하고 있습니다. 미희는 그 가운데 세 마을의 여인들과 어린이들 가운데서 아주 멋지게 일을 하고 있습니다. 미희가 교사 자격증을 따서 그녀의 부모님을 도울 수 있도록 기도해주세요. 그녀의 아버지는 나이가 들었기 때문에 은퇴를 해서 연금을 받아야 하지만, 선교부는 연금을 줄 형편이 되지 않습니다.

7. 하연시 – 한국의 자생 교회의 가정 선교 분야인 제주도에서 왔습니다. 연시는 이번 여름에 그녀가 목사의 부인이 되기를 원하는지 결정하려고 합니다. 기도해주세요.

고등학교 2학년

1. 시봉님 – 1년 전, 지난 4월에 입학했으며 전체 학교에서 평균 2등을 합니다. 그녀는 '영광'이라는 지역에서 왔고, 그녀의 가족들은 모두 불신자입니다. 봉님이가 그녀의 온 가족을 주님 앞으로 인도하는 도구가 되도록 기도해주세요. 또한 그녀가

학교를 마칠 수 있는 경제적인 여건이 허락되도록 기도해주세요. 그녀의 아버지는 그녀가 공부하는 것을 허락했으나, 이제 집안의 가장 역할을 하는 그녀의 오빠가 그녀의 학업을 막으려고 합니다. 그는 집안의 돈을 자기의 아들들을 위해 쓰려고 합니다. 그녀는 "아무 것도 아닌 조그만 계집아이"가 맞습니다. 하지만 교육받을 가치가 있는 흔하지 않게 영리하고 사람을 끄는 소녀입니다.

2. 김양애 – 그녀가 원하는 것은 잘 어울리는 남편감입니다. 기도해주세요.

3. 남동애 – 아버지가 불신자입니다.

4. 박문심 – 아버지가 불신자입니다. 그녀는 아버지가 그녀의 학업을 중단시킬까봐 겁내고 있습니다.

5. 강평순 – 제주도에서 왔습니다. 그녀는 미역을 따는 기술 좋은 잠수부였습니다. 그녀가 정신병 혹은 신경병에 걸리지 않고 좋은 건강을 유지하도록 기도해주세요. 이곳에 있는 모든 소녀들이 평순이처럼 신실하고 믿음직하면 아마도 그들의 학업은 쉬울 거예요.

==

이 기도 목록이 너무 길어질까 봐 이제부터는 고등학교 1학년 여학생들 몇 명과 6학년(?) 혹은 저학년의 졸업반 가운데 몇 명의 이름을 적기로 하겠습니다.

고등학교 1학년

1. 조안나
2. 김채수
3. 김현애
4. 정형숙
5. 정(읽을 수 없음)울 – 신입생, 불신자
6. 황지 – 신입생, 불신자
7. 박신애 – 완도에서 왔음

6학년 반

1. 장복순 – 고아
2. 배은혜 – 은혜와 주형순이는 미국의 한 주일학교에서 지난 3년 동안 부분적으로 지원을 해왔는데 올해는 수표 오는 것이 중단되었습니다. 이들이 졸업하게 되는 올해 다른 곳으로부터 도움이 오도록 기도해주십시오. 은혜의 어머니가 여러 해 전에 은혜를 학교에 데려왔을 때 "내가 도둑질을 하더라도 나는 이 아이가 신자와 결혼할 만큼 자라도록 이 곳에 맡기려고 합니다. 아이의 아빠가 은혜의 언니가 아직 어렸을 때 결혼시켜 버렸던 것처럼 은혜도 불신자에게 결혼시키는 것을 원하지 않아요" 라고 말했습니다. "그런데 도둑질이라뇨?"라고 제가 물었더니 그녀가 대답하기를 "매일 가족들에게 밥을 줄 때 은혜가 먹을 수 있도록 대접에 쌀을 조금씩 담았다가 나중

에 충분히 모아지면 이 곳에 그 쌀을 가져올 거예요" 멀지 않아 은혜는 필요한 쌀의 절반을 벌 수 있었는데, 바로 몇 달 후에 그녀의 어머니가 돌아가셨다는 소식을 듣고나서 우리는 그녀를 학교에 머물도록 조치했습니다. 이번 여름방학 때 그녀가 집에 간다면 가족들은 그녀를 강제로 불신자와 결혼시키려고 괴롭힐 것이기 때문에, 그녀는 나비(본)을 만들어서 자기 스스로 쌀을 벌고 있습니다. 그녀는 착하고 사랑스럽고 명랑한 소녀이고, 학교를 마친 다음에 좋은 믿는 남편을 만날 자격이 있습니다.

제가 적은 대로 두 신입 여학생들과 신입교인인 봉님이와 연실이를 제외한 나머지는 세례를 받은 교인들입니다.

이들이 강한 기독교 지도자들이 되도록 기도해주세요. "이 세상이 꿈꾸는 것보다 더 많은 일들이 기도로 인해 이루어집니다." 또한 저를 위해서도 기도 부탁드립니다.

주 안의 동역자, 애나 매퀸

추신. 위의 글을 쓴 다음에 중매하는 사람이 와서 은혜를 젊은 기독교인에게 약혼을 하도록 내게 부탁하러 왔습니다. 그 집의 시어머니 되실 분이 참 좋은 분이라는 큰 장점이 있는데 나는 아직 네 혹은 아니오라고 대답하지 않았습니다. 나는 은혜가 고등학교 과정을 공부하기를 원하며 그게 아니더라도 그녀는 결혼하기에는 아직 너무 어립니다. 은혜의 가족들이 내가 미국으로부터의 도움을 조심스럽게 기다리는 동안 확답을 너무 조르지 않기를 바랍니다.

1927년 9월 내슈빌, 테네시
주소: 애나 메퀸, 광주, 한국
우표: 편지 5센트, 엽서 3센트

1929년 4월 4일

광주, 한국

사랑하는 가족들과 교우님들께,

저는 전도 여행 도중에 주말이라 집에 있습니다. 시간을 절약하려고 여러분들께 한 번에 편지 쓰게 된 것을 양해해 주세요.

가장 최근의 전도여행에 대해 말씀드릴게요. 우리들은 월요일 정오에 집을 떠나 지트니 자동차[1]를 이용해서 기차 간이역으로 갔어요. 전도부인 김복조와 집에서는 '행랑아범'이면서 시골에선 요리사이자 짐꾼인 영재가 우리의 일행이었습니다.

자동차 요금은 16킬로미터[2] 거리에 1인당 17.5센트이었고, 영포행 3등석 기차표는 1인당 14센트를 주고 샀어요. 거기에서 우리는 다시 가방과 짐들을 지트니 자동차 안에 싣고 계속 남쪽으로 달려가다가, 길 가에 있던 한 무리의 교인들을 알아보고서야 우리 여정이 끝난 것을 알았어요. 몇몇 사람들이 우리들을 따뜻하게 맞아주기 위해 거기 얼어붙는 추위 속에서 몇 시간씩 서 있었던 거지요.

진심 어린 환영 후에, 조금 걸어서 장로님 댁에 도착했어요. 저에게 방바닥에서 가장 따뜻한 곳, 아랫목에 앉기를 권했는데 (불을

---

1 auto jitney : 일정 구간 승객을 실어나르는 자동차나 버스로, 대개는 무면허이다
2 1 마일(mile)이 1.6킬로미터(kilometer)이므로 16킬로미터는 10 마일 거리이다. 당시 한국인들이 말하던 이수(里數)로는 40리이다.

때는 아궁이에서 가까운 쪽의 방바닥) 몇 번 공손하게 거절한 다음에 조심스레 받아들였어요.

그리고나서 음식이 수북하게 쌓인 1피트[3] 정도 높이의 작고 둥근 상들이 들어왔고, 20명 남짓 되는 손님들에게 나눠졌지요. 그 전날이 한국과 중국에서 가장 큰 명절로 지내는 설날이었던 거예요. 이렇게 특별하게 먹을 때면 병균 이론 따위는 모두 타파되어 버렸다고 믿고 싶어요.

그 날, 그리고 매일 저녁마다 우리 전도부인은 비기독교인들에게 설교를 했어요. 그녀는 말과 노래를 모두 잘하는 좋은 목소리로 눈에 보이듯 명확하게 이야기를 했는데, 분명하고도 단순하게 말해서 여자들은 물론 남자들도 그녀의 말을 듣는 것을 좋아했어요. 신창리의 그 첫 번째 교회의 우리 청중들은 100명에서 150명 남짓한 여러 계층의 여자들이었고, 몇몇 남자들이 아이들을 데리고 뒷줄에서 들었는데, 그녀가 언제나 여자들에게 설교를 하면 아무리 무지한 사람도 이해할 수 있었어요.

다음 날 아침에 우리는 여신도들을 위해 5일 성경공부를 시작했는데, 날씨가 몹씨 춥고 교회의 난방이 제대로 갖춰지지 않았어도 출석률이 아주 좋았어요. 여러 날 동안 길 위에 눈이 있었지만, 두 교회에서 이 성경공부에 참석하려고 도보로 3마일도 넘는 거리를 걸어오는 이 여자들을 막지는 못했어요. 저는 그녀들이 제가 가진 것 같은 오버슈즈(galoshes) 대신 낡은 타이어로 만든 1-2 인

---

3 1피트(foot)는 30.48센티미터(centimeter)이다. 한국 사람들이 당시에 흔히 쓰던 단위로 1자[尺]이다.

치 높이의 고무신을 신는 것이 미안했지요.

오후 시간에 우리는 교회에서 만나 기도한 후에 2-3인씩 그룹이 되어 가까운 동네로 개인사역을 위해 흩어졌어요. 이렇게 집집마다 방문하는 일은 물론 작은 집 하나하나, 그리고 한 사람 한 사람이 모두 달랐기 때문에 아주 흥미로웠는데, 바로 다음 집, 혹은 그 다음 집에서 우리는 진실되게 생명의 길을 찾는 니고데모와 같은 누군가를 만나게 될지도 모를 일이었죠.

교회에서 2마일 떨어진 도개장골 마을의 길에서 만난 여인에게 제가 예수님의 말씀을 들어본 적이 있는지 물었더니, "아니오. 하지만 그것들을 듣고 싶어요."라고 대답했어요.

우리는 성경공부를 연장시켜 그 마을에서도 하도록 조정했으니, 강여인과 젊은이들이 이것을 계속할 수 있는 믿음을 가지도록 기도해 주세요.

강여인과 노여인, 그리고 염색하는 언니는 나이 많은 여인 삼총사들이었는데, 함께 설교하고 기도하며 다녔어요. 그녀들은 다윗처럼 찬송을 부르고, 춤추며 노래함으로 주 안에서의 기쁨을 나타냈어요. 그녀들의 춤은 아주 간단한 전통춤이었지요.

그녀들은 주일에는 우리와 함께 산동교회에 참석했고, 월요일에는 신촌교회로 갔어요. 우리를 잘 배웅하려고 7명의 여인들이 우리와 함께 신촌까지 4마일을 걸었는데, 밤을 새기로 결정했을 때 저는 많이 걱정이 됐어요. 그 나이 많은 여인들은 많이 걷고 춤도 많이 추어서 돌아가기에는 너무나 지쳐 있었거든요.

그 교회는 약했기 때문에, 집사님 한 분이 거의 모든 식사를 대접했어요. 하지만 이 사람들은 초기 기독교인들처럼 모든 것을 함께 하며 서로 나누었어요.

이틀 후에 우리는 봉창으로 갔어요. 그 곳에서의 첫 날은 믿지 않는 사람들 말에 따르면 나쁜 귀신의 날이었는데, 만일 그 날 일을 하면 나쁜 귀신에게 잡힌다는 것이었어요. 일을 할 수 없게 된 마을 사람들이 수요일 모임에 참석하려고 몰려와서 그 집이 차고 넘쳤어요.

어른들을 위해 자리를 마련하려고 한 집사님이 소년들에게 "조용하게 세 시간 동안 말씀을 듣고 싶지 않다면 집으로 가거라"라고 알리자, 꽤 많은 아이들이 떠났어요.

설날 명절 기간 동안은 날마다 특별한 이름이 있어요. 어떤 주일날은 뱀의 날(巳日)로 불렸어요. 다가오는 한 해에 그들의 우물과 토지로부터 뱀을 내쫓기 위해 대문 기둥과 우물 뚜껑, 그리고 마당에 있는 집의 모든 기둥마다 중국 한자를 거꾸로 붙여놨어요. 그리고 뱀의 날에는 절대로 물을 길어서는 안돼요.[4]

우연히, 아니, 하나님의 뜻으로 어느 날 저는 마을의 좁은 골목길에서 얼굴빛이 밝은 소년에게 말을 걸었는데 그 아이가 말할 수는 있지만 들을 수 없다는 걸 알게 되었어요. 그 아이는 열세 살이었는데, 일곱 살 때부터 들을 수 없었어요. 저는 그 아이의 엄마를 설득해서 닥터 최에게 진찰을 받게 했는데, 닥터 최가 치료가 힘든 편도와 인두편도선을 제거했지만 청력을 회복시킬 수

---

4 『경도잡지』나 『동국세시기』 같은 민속지에는 "사일(巳日, 뱀날)에 머리를 빗지 않는 것은 뱀이 집으로 들어오는 것을 꺼리기 때문이다."라고 설명하였다.

는 없었어요.

낙스 부인은 그 아이가 입술을 보고 잘 따라 읽는다면서, 읽는 걸 가르치겠다고 자원했어요. 그 아이의 부모가 그 아이의 한 달 치 쌀이나 조를 선불로 낸다는 것은 아주 어려운 일일 텐데, 그들은 그렇게 하겠노라고 약속을 하면서, 우리가 그 아이에게 관심을 가져준 것에 아주 많이 감사했지요. 이 어린 농아, 순아기를 위해 기도해 주세요, 그와 그의 부모가 예수님을 그들의 구세주로 믿게 되도록 기도해 주세요.

그리고 김복조와 내가 올 봄에 여러 교회들을 다니면서 신자들이 계속해서 믿음 안에 굳건하게 서 있도록 권면하는 것을 위해서 기도 부탁드립니다.

여러분 한 분 한 분께 안부를 전하면서

구 애라

1929년 4월 27일 내슈빌, 테네시에서 받음
주소: 구애라, 광주, 한국
우표: 편지 5센트, 엽서 3센트

1931년 10월 16일

장소 미확인, 한국

사랑하는 친구들에게,

나는 지금 전도부인과 함께 25마일 거리에 있는 광주에 가려고 길 가에 있는 초가집 안에서 승합차를 기다리고 있는 중이에요.

내가 한국에 돌아온 이후에 방문했던 시골 교회들에 대해 말하면서, 여러분들에게 기도를 부탁하려고 해요.

작년에 마산의 촌장이 그 동네의 한 젊은 교사와 함께 그들 동네에서의 기독교 사역을 시작하기 위해 최조사에게 연락을 해 왔어요. 그 두 사람이 올 가을에 김복조와 나를 초대했는데, 그들의 교회 창립일인 9월 24일에 와 달라는 거였지요.

지난 해 같은 날, 박조사는 복음전도자 연속 모임을 하는 최조사를 돕기 시작했어요. 한 번은 우리가 박조사의 집에서 머무는 동안, 그가 이전에 자신이 기독교인들을 박해했고 술의 노예처럼 살았으며, 게다가 자기 아내를 아주 심하게 자주 때렸던 일 등의 죄 많던 삶에 대해 내게 이야기해줬어요.

그의 아내도 감사의 눈물을 흘리면서, 남편의 개종이 그녀의 삶까지 변화시켰다고 말했죠. 그는 꿈속에서 하나님의 모습을 본 다음에 기독교인이 되었답니다.

이제 그는 영적인 힘이 있는, 안수 받지 않은 전도사로 여러 교회들과 집회 장소를 책임 맡고 있는데, 그 곳들 대부분이 모두 그의 수고로 자리 잡았어요. 그가 모임들을 이끄는 중에 많은 사람들이 믿기로 작정하고, 그 다음에 세례지원자로 등록하게 되었지요.

그곳에 24명의 예비신자들이 있는데 올 가을, 낙스 박사가 그 교회를 방문할 때에 그들 대부분이 세례를 받게 됩니다. 이전에 세례지원자로 받아들여진 사람들이 현재의 신자들인 셈이지요. 이들 마산 교인들의 상당한 희생으로 구입됐던 집이 멋진 교회 건물로 바뀌는 개조 공사가 막 완공되었습니다.

주일 저녁에 교회 안은 바닥에 앉은 남자들, 여자들 그리고 아이들로 완전히 붐볐는데, 남자들은 문 안에 서 있을 정도였어요. 공기가 숨이 막혔지요. 우리가 예배를 시작했을 때 밖에서 어떤 남자가 물었어요.

"동림 마을에서 여자들이 많이 왔는데, 이 사람들을 어떻게 할까요?"

그러자 한 남자가 안에서 이렇게 대답했어요.

"우리 다 함께 마당으로 나갑시다."

나는 자리에서 일어나서, "저 혼자 영어로 노래를 불러도 될까요?" 말하고 나서 「예수 사랑하심은」을 불렀고, 그 가사의 뜻에 대해 설명할 수 있는 기회를 얻었지요.

전 다른 건 다 하더라도 쏠로는 절대 못합니다, 하지만 붐비던 사람들이 나의 찬송에 매료되어서 아수라장 되는 것을 막게 되었습니다. 그러는 동안에 마을 촌장 문씨가 마당 안에 커다란 멍석들을 깔고, 그가 "다 준비되었다"고 했을 때에 우리는 계속 예배를 드리게 되었어요.

누군가 세어보니 그 인원수가 대략 400명 정도라고 했어요. 주일 저녁 회중으로 이 정도 인원이면 아주 좋은 것 아니겠어요? 이 새로운 신자들이 믿음 안에서 온전히 자리를 잡고 근처의 마을에 복음을 전할 수 있도록 기도해주지 않겠어요? 문씨와 이씨, 그리고 지도자 감으로 믿음직한 그 똑똑하고 젊은 교사도 함께 기억해주시기 바랍니다.

동복[1]은 군청 소재지에요. 교회[2]는 아주 약했고, 거기에는 신도들 사이에 불화합의 영(靈)과 지도자를 향한 비난이 있었어요. 그 불교(佛敎)의 요새[3] 안에 흘러넘치는 하나님의 능력이 임하시길 기

---

1 광주와 접해 있는 화순군 동복면을 가리키는데, 당시에는 동복군이었다.

2 동복교회는 1907년에 배유지, 오웬 선교사의 전도 활동으로 먼저 몇 명이 믿었고, 신자가 늘어나자 동복군 읍내면 칠전리에 예배당을 신축하여 칠전리교회를 세웠다. 1912년 남평과 동복 순회 구역은 노라복 선교사가 책임자였다. 1913년 동복교회와 그 일대가 노라복 선교사 순회 구역에서 뉴랜드[남대리] 목사의 순회 구역으로 변경되었다. 1914년에는 동복읍교회라 칭하였다는 기록이 있다. 1919년 교인들이 3·1운동에 가담하였다는 이유로 교회가 3년간 핍박을 받다가 그 후에 다시 흥왕하게 되었다. 1925년 11월 16일 동복 예배당에 여자 초등야학을 설립하여 연령이 넘었거나 가세가 빈궁하여 학교에 가지 못한 일반 여자를 위하여 가르쳤다. 1935년 1월 15일 칠전리교회를 칠정리교회로 개칭하였다. 1942년 3월 이전까지 노라복 선교사의 선교 구역[칠정리 교회, 호암 교회, 석고리 교회]에 속했다가, 1944년 4월 17일 칠정리 교회를 폐지했다. 1945년 광복 이후 동복교회가 재개되었고, 1949년 빨치산들이 총을 쏘며 출몰하는 가운데 유화례 선교사가 동복교회에서 일주일 간 부흥집회를 인도하였다. 1981년 9월 22일 동복국민학교 교지 확장 문제로 교회 자리와 칠정리 북쪽에 있는 학교답과 천변리 116번지 오씨 문중답을 3자가 맞교환하여 교회터는 학교로, 칠정리 학교 실습답은 오씨 문중으로, 천변리 오씨 문중답은 교회로 주었다. 예배당을 신축한 후 대한예수교장로회 동복교회로 소유권을 등기하였다. 「화순군 향토문화전자대전」

3 아마도 화순군 도암면에 있는 운주사(雲住寺)를 가리키는 듯하다. 운주사는 구층석탑(보물 제796호), 석조불감(보물 제797호), 원형다층석탑(보물 제798호) 등의 국가지정문화재 뿐만 아니라 운주사지(雲住寺址) 자체가 사적 제312호이고, 와형석

도해주세요.

지난 해 5월에 나는 여러 한국인들과 한센인 마을에서 일하기 시작했습니다. 그 곳에 다시 가서 거기에 있는 적은 수의 신자들을 만났는데, 그들 역시 살림집을 교회 건물로 개조한 것을 보고 아주 기뻤어요. 남자들의 지도자인 강 씨와 아주 열심히 하는 젊은 과부 복희를 위해 기도해 주세요.

그녀는 세 가지를 위해 기도하라는 꿈을 꾸었는데, 자기 가족을 개종시키는 것과 (현재, 가족들은 그녀의 신앙을 박해하고 있음) 하나님께 봉사하기 위한 그녀의 육체적인 건강, 그리고 자기가 사는 마을 사람들의 개종을 위해 기도하겠노라고 응답했다고 내게 말했어요.

수리[4]의 교회 사정은 실망스럽습니다. 그 마을의 촌장인 박집사가 그 교회의 지도자인데, 몇 달 간 그가 술을 마시고 최근에는 교회를 결석하는 일들로 다른 사람들에게 걸림돌이 되고 있어요. 우리가 여기에서 이룰 수 있는 것이 별로 없습니다. 그가 진실되게 회개하도록 기도해 주시기를 부탁드립니다.

산너머 6마일 되는 여정은 벼 이삭이 여물어가는 들판들 사이를 지나 우리를 원리[5]로 데려다줬습니다. 시골은 지금 아름다워요. 얼핏 세어보니 한 30종류나 되는 야생화들이 한참 피고 있어

조여래불(臥形石造如來佛)을 비롯한 유형문화재가 10종이 있으며, 민중들의 미륵신앙(彌勒信仰)의 요람이다.

4 화순군 북면의 법정리(法定里)이다. 1920년에 선교사가 설립한 수리교회가 있는데, 주로 닷슨(Samuel Kendrick Dodson, 도대선都大善) 선교사가 순회 목회하였다.

5 화순군 북면의 법정리이다. 원문에는 Wul-lee로 표기했는데, 1920년에 녹스 선교사가 최원감 조사와 함께 원리교회를 세웠다.

요. 짙고 연한 언보랏빛과 흰색과 연분홍의 애스터[6] 꽃들이 정말 예쁘고, 거기에 더러 용담과[7]에 속하는 것으로 보이는 푸른 색 꽃들도 함께 피고 있지요.

한국에서 부유한 사람들은 정말 드뭅니다. 원리에는 일본인들에게 논을 팔지 않은 다섯 집이 있는데, 그런 사람들을 부자라고 볼 수 있지요. 거기 사는 몇 사람에게 들으니 '가난한 사람들이 매 주일과 하루 건너 하루씩 부자들을 위해 일을 하고 있으니까, 만일 우리가 부자들과 잘 연결만 된다면 온 마을 사람들을 모두 교회로 오게 할 수 있다'고 했어요.

그 부잣집 가운데 한 집에 경종이라는 열한 살짜리 진실한 기독교인이 있는데, 아들의 믿음을 보고 이제 그의 어머니가 관심을 보이고 있어요. 또 다른 집에서는 세 며느리가 우리더러 자기들에게 (성경을) 가르쳐 달라고 부탁을 했는데, 그 가운데 한 명이 자기는 하나님을 믿지만 자기들의 부모 때문에 나서서 하나님 편에 서는 것이 두렵다고 했어요.

나는 가끔 종교적인 면으로 볼 때, '젊은이들이 그렇게까지 자기 부모들에게 순종하지 않았으면' 하고 바라게 됩니다.

새로 믿기 시작한 한 여신도는 '꿈에 불구덩이를 보았고, 불구

---

6 애스터(Aster)는 국화과에 속하는 꽃으로, 유럽과 아시아, 북미 지역에 자생하는 꽃이다. 학명은 Aster tataricus L. f.이다. 꽃의 모양이 별이 빛나는 모양을 닮았으므로 우리나라에서는 성상화(星狀花)라고 번역하였으며, 지방에 따라 자옥나물(거창군), 자원(진주시), 개미초(의성군), 개미취(봉화군, 영양군, 의성군) 등으로도 불린다.

7 용담(龍膽)은 조선시대에 관음초(觀音草)라 하였으며, 『동의보감』에는 '과남풀'·'관음풀'로 기재되어 있다. 학명은 Gentiana scabra var. buergeri (MIQ.) MAX.이다.

덩이에서 벗어나려면 신자가 되어야 한다'는 어떤 목소리를 들은 다음부터 교회에 출석하고 있다고 했어요. 그녀는 "그게 바로 성령님이 보여주신 꿈 아닌가요?"라면서 자기 이야기를 마쳤지요. 내 생각에 그 여인이 자기 가족 가운데 세 명을 교회로 데려온 것 같았어요.

나는 곳곳에 더 많은 전도부인들이 있기를 간절히 바라고 있어요. 전도부인 한 사람이 한 지역에서 한 달이나 혹은 조금 더 머물면서 여인들을 가르쳐야 한다고 봅니다.

원리교회에는 6학년 과정을 졸업한 어떤 15세 소년이 있는데 아주 열심이어서, 여인들과 아이들에게 어린이 소요리문답과 가려 뽑은 성경 구절들을 반복시키고 또 읽는 것을 가르쳐 줄 것을 부탁했어요. 그 소년이 신실하게 자라기를 원합니다. 마리아와 막달라의 어머니는 읽을 수 있으니까, 우리 성경학교에서 지도를 받을 수 있게 주선해주면 훌륭한 지도자가 될 거라고 생각합니다.

나의 순회 전도는 선교회로부터의 모임 소집으로 중단되었어요. 지난 4월에 있었던 33.3퍼센트 삭감에 연이어서 예기치 않은 10퍼센트 추가 삭감이 10월부터 시작된다는 전보가 왔어요. 선교사들은 아주 무거운 심정으로 광주에서 만났고, 다시 한 번 긴축 계획을 세웠지요.

본국에 있는 하나님의 사람들이 이제 그 분의 능력과 뜻 안에서 자원하는 마음으로 우리가 앞으로 계속 나가도록 명령을 보내주길 기도 부탁드립니다. 그리고 우리 선교사들과 우리의 동역자, 한국인들에게 성령님의 능력이 넘치도록 기도해주세요.

내 주소는 광주, 한국이에요. 전력을 다한 전도 여행을 마치고, 집에 도착해서 책상 위에 놓인 미국에서 온 편지를 보는 건 얼마나 기쁜 일인지요.

안부를 전하면서 친구가,

내슈빌, 테네시에서 1931년 11월 13일에 받음
주소: 구애라, 광주, 한국
우표: 편지 5센트, 엽서 3센트

1932년 1월 7일

광주, 한국

고향의 친구들에게,

여러분 가운데 누군가는 지난번에 보낸 내 편지를 쓰레기통에 버리지 않았고, 그 누군가는 분명히 저의 기도 요청을 읽고 기억해 주신 것이 틀림없어요.

우리 성경 교실이 시작되기 전날, 나는 20명의 여인들이 일렬종대로 오는 것을 보았어요. 몇몇 여인들이 머리에는 쌀자루를 이고 뒤에는 아기를 업고 있었지요. 그들이 가까워졌을 때 나는 맨 앞에 선 마산[1] 교회의 문 씨가 직접 그들을 인솔하고 있는 걸 알아봤지요.

내가 전에 마산의 인근 마을들에서의 사역을 위해 기도를 부탁했을 때, 나는 특별히 동림[2] 마을에 대해 생각하고 있었답니다. 9월에 우리가 마산을 방문한 이래로 여러 명의 여인들이 동림에서부터 정기적으로 교회에 출석했어요.

11월에 전도단이 그 곳에서 연속 모임을 개최했을 때에 많은 사람들이 믿기로 작정하고 그들의 이름을 적어냈지요. 그곳의 20명 가운데 7명은 교회에서 2마일 떨어진 동림에서 온 초보 신자

---

[1] 화순군 동면 마산리이다. 녹스(Knox, Robert 노라복) 선교사가 1929년에 세운 마산 교회가 있다.

[2] 화순군 동면 오동리에 있는 마을이다.

(infant believers)들이었어요. 그 날 오후에 우리는 마산교회가 깃발을 가졌을 걸로 짐작했는데, 남평[3]에서 온 32명의 여인들이 가장 많은 숫자가 출석하여 그 깃발을 자랑스럽게 집으로 가져갔어요.

그런데 여러분들이 원리에서의 사역을 위해 기도하지 않았던가요? 9명의 학생들과 여자들, 그리고 소녀들이 그 작은 동네에서 왔어요. 2명의 소녀들이 어린이 소요리문답을 모두 마쳤기에 신약성경을 받았지요. 그 전날 밤에 이조사가

"이제 원리가 쟈미 많소."

라고 말했는데 말 그대로 아주 재미가 있다는 말입니다. 그들은 집을 구입해서 교회 건물로 사용할 목적으로 35불을 모으기 위해 애쓰고 있는 중입니다.

우리는 지난달에 성경 교실에 419명을 등록시켰어요. 등록금 10센트를 낸 여인들은 금박 입힌 옷핀이 달려있는 리본을 하나씩 받았는데, 리본의 색깔로 학년을 구별했어요. 노스캐롤라이나의 벌링턴, 덜햄, 그리고 핸더슨빌에 사는 친구들이 리본 배지를 보내준 덕에 시간과 돈을 절약했답니다.

나이 많은 할머니들이 특별히 예쁜 리본을 아주 좋아했어요. 더러는 '하나 더 달라'고 조르기도 했는데, 어떤 할머니가 "노란색과 빨간색을 같이 달아야 예쁘다"고 하도 심하게 간청하는 바람에 결국 내가 양보했어요. 성경학교에서 우리가 2월 19일부터 3월 5일까지 써야 하는 리본 배지가 충분하게 있어서 다행입니다.

---

3 화순에 이어져 있는 나주의 면인데, 1900년에 교회가 시작되어 1904년에 오웬 선교사가 제1대 목사로 부임하였다. 지금은 나주시 남평읍이다

여인들이 한 무리씩 계속 도착했는데, 멀고 험한 산길을 걸어오느라 어떤 여인들의 발과 발목이 많이 부어있었기 때문에 나는 그들에게 뜨거운 물로 목욕하게 하고 따뜻한 차 한 잔과 편안한 숙소를 제공해줄 수 있기를 얼마나 원했는지 몰라요.

눈 내리던 어떤 날 밤, 나는 온 기숙사를 한 바퀴 돌면서 나의 419명의 손님들이 편안히 잘 지내는지 둘러보기도 했습니다. 본 기숙사에서 그녀들은 따뜻하긴 해도 그들의 집의 구들방에는 있었을 이불과 요가 없는 바닥에서 잠을 잤습니다. 100여 명 이상의 추가로 들어온 이들은 강당에서 판자로 된 맨 바닥 위에서 잤어요. 확실히 불편하게 보였습니다. 하지만 불평의 소리는 전혀 없고 단지 모두들 배우게 된 특권에 대해 기뻐하고 감사해 했습니다.

나는 그들이 아주 다양한 방법으로 자기들의 임시 베개를 만들어낸 것이 재미있었어요. 꼼꼼한 사람들은 자기들의 겉치마를 벗어 그걸 반듯하게 접어 베개로 사용했지요. 많은 사람들은 쌀자루를, 다른 사람들은 책으로, 또 더러는 자신들의 고무신에 헝겊 조각을 두른 것으로 베개 삼아 썼고요. 나는 또 두 여인들이 대야를 뒤집어 그 위에 머리를 얹고 자는 것도 보았어요.

하지만 여러분이 생각하는 것처럼 그녀들에게는 그 베개들이 불편하지 않았는데, 왜냐면 보통 집에서 사용하는 베개라는 것이 수놓인 베갯보가 아니라 그냥 나무토막이었기 때문입니다. 오늘 내가 집에서 그 단단한 나무토막 베개를 재봤더니 8인치 길이에 너비와 높이가 각각 5인치였어요. 한국식 베개를 갖고 싶다면 얼마나 만들기 쉬울까요!

나는 벌링턴의 한 동아리에서 보내준 상당한 갯수의 옷핀을 받고 아주 기뻤습니다. 우리는 개근한 사람들에게 각각 4개의 옷핀을 주었어요. 참, 올해는 비용 절감을 위해 보통 10일이었던 클래스를 대신 7일로 줄였어요. 그 가운데 읽는 것을 끝내지 못해 진급을 위한 수료증을 받지 못한 사람들은 옷 핀 하나과 그림엽서로 달래주었어요.

많은 사람들이 자기들의 주일학교에서 쓰려고 그림엽서를 가지고 싶어했지만, 나의 재고품은 바닥이 났습니다. 만일 여러분 가운데 나에게 좀 더 보내줄 수 있다면, 우체부에게 '내용물이 인쇄물이니 거기서 요금이 더 비싸고 이곳에선 5센트인 보통 소포로 부치지 말라'고 반드시 말해야 합니다.

오후에 세면시간 이후에는 뉴랜드 여사와 한 전도부인이 치과의사나 내과 의사를 만나보기 원하는 사람들을 인솔해 갔습니다. 닥터 레비는 치아를 261개나 뽑았지만 그가 진찰했던 어떤 사람들은 겁이 나서 '발치(拔齒)가 필요하다'고 하지 않았기 때문에 만족해하지 않았습니다.

남자반의 학기가 진행중인데, 그 교회의 지도자로부터 전에 여자반에서 큰 축복을 받았던 한 여인이 고향 교회에서 아주 충실되게 사역을 시작했다는 소식을 들었습니다.

별도의 기도 요청서를 보내기 위해 여기서 줄이려고 해요. 내가 너무 길게 썼다면 그 가운데 몇 제목만 골라서 계속 기도해주세요. 아니면 각각 다른 그룹들에게 기도 제목을 정해 주시기 바랍니다.

크리스마스카드와 엽서들을 보내주신 것 정말 감사드립니다. 여러분 모두에게 한 사람씩 답장을 쓰고 싶지만, 이 편지로 저의 감사인사를 대신해서 받아주지 않으시겠습니까?

새해 복 많이 받으시기 바라며,
여러분의 한국인 친구,

애나 매퀸

내슈빌, 테네시에서 1932년 2월 13일에 받음
주소: 애나 매퀸, 광주, 한국
우편요금: 편지 5센트, 엽서 3센트

(동봉한 기도 목록을 봐주세요)

애나 매퀸의 기도 요청

1. 성령님의 능력과 지도하심이 나의 삶과 내가 이끄는 세 전도부인들 - 김양, 유씨부인, 윤씨부인-의 사역에 함께 하시길, 그리고 우리들의 육체적인 건강을 위하여.
2. 예수님에 관해 배우기 원하는 이들을 가르치는 더 많은 전도부인을 후원할 수 있는 자금을 위하여.
3. 낙스 박사의 관리 아래 작은 양무리를 인도하는 안수받지 않은 전

도인들 위에 성령님의 능력이 함께 하시길.

동복 면소재지의 이조사, 화순 면소재지의 박씨, 능주 면소재지의 양씨, 보성군의 ㄱㅊ박씨, ㄴㅎ[4]박씨, 그리고 열두 그룹의 지도자들, 마산과 몇몇 다른 교회들의 지도자 최조사, 나주시의 약간 강한 한 교회와 약한 다섯 교회의 지도자, 김조사.

4. 보성군의 유망한, 새로운 다섯 군데 사역지들과 그 인근의 지도자들을 위하여: 평주, 봉내, 비내, 타내, 수남리

5. 여신도들과 어린이 사역이 왕성하고, 여신도들이 예배를 이끄는 장수동 교회의 남자 지도자를 위하여. 젊은 청년, 정해승이 지도자의 자질을 발휘하도록. 마을의 이장(headman of the village)이 믿음을 갖고 기독교인들의 박해가 멈추기를.

남자 성인 가운데 단 한 사람이 신자인데 그는 새 신자임. 소요리 문답서 값 2센트를 낼 수 없는 많은 어린이들이 대신 달걀 2개를 내게 줬음. 어린이 소요리 문답서 공부를 향한 열심이 그들을 예수님의 구원의 지식에 도달하도록.

6. 다라실, 마산, 한센의 새 신자들을 위하여.

7. 복색이 할머니를 위하여. 그 분은 이전에 열렬한 불교신자였는데 믿기로 결심하셨고, 그 분과 열여섯 살 난 복색이의 믿음은 바뀌지 않을 거예요.

8. 판주칸에 우리가 확장한 주일학교, 수년간 출석을 하고 있는 많은 사람들이 올해는 하나님 편에 확고하게 서게 될 것을 위하여. 특별히 4명의 나이 많은 할머니들을 위하여.

희복의 할머니[5] – 이 분은 부족한 믿음 때문에 하늘나라에 못 갈지

---

4 ㄱㅊ은 KC를, ㄴㅎ은 NH를 한글 철자로 표기한 것이다.

5 원문에는 Pleasant Blessing's grandmother로 적혀 있는데, 희복(希福)이라는 아이의 할머니인 듯하다.

도 모른다고 염려하고 걱정하는 분.

봉남이 할머니 – 이 분은 아직 의심하는 분.

상남이 할머니 – 이 분은 등이 완전히 꼬부라지고 쇠약하신 분이신데 교회 오는 도중에 자주 넘어지시고 마음은 유약하지만 더 배우시려고 노력하는 분.

그리고, 방님이 할머니와 그 분의 며느리를 위하여.

9. 하나님의 능력과 인도하심이 나에게서 물질적인 도움과 지원을 구하려는 4명의 학생들, 전도부인이 되기를 원하는 최메리, 봉순이, 언순이 그리고 간호사 훈련을 받을 계획을 하는 복순이를 위하여.

10. 이따금씩 정신을 잃는 젊은 독자인 한 젊은이의 완전한 회복을 위하여.

11. 진심으로 말씀을 듣는 한 여인을 위하여 – 자기 남편에 대해 '그 사람은 마귀의 종이에요' 라고 솔직하게 말했음. 그 남편은 마술사이지만 그들도 믿을 수 있으니까.

이방인의 땅에서 그들의 나약한 말들에서 어찌 그런 능력이 나오는지 놀랍습니다. 그 때 고향에선 교우 두세 사람이 모여 한 시간씩 기도합니다.

1933년 1월 29일
순천, 한국

친구들에게,

여러분에게 편지를 보낸 지가 한참 지났습니다. 나는 10월 29일에 담석 산통으로 큰 수술을 받고 35일 동안 입원해있었어요. 나의 회복을 위해 3개 마을의 1,400명의 한센인들이 기도를 드렸는데, 하나님께서 그들의 울부짖음을 들어주셨습니다.

알렉산더 병원[1]의 새 부속 건물을 건축하다가 내가 아파서 실려가는 바람에 모든 것을 중단해야 했어요. 그 이후로는 놓치지 말아야 할 일들을 따라잡느라 하도 바빠서 편지를 쓸 시간이 없었답니다.

내가 아팠을 때 한국인 조수인 이 씨에게서 아주 친절하고 호의적인 편지를 받았는데, 이렇게 쓰여 있었어요. "닥터 윌슨. 이제는 얼마나 좋아지셨습니까? 세상에서 가장 끔찍한 일은 의사가 아픈 겁니다. 마치 대머리가 모발재생 제품을 파는 것 같으니까요."

아마도 그때 내 몰골이 아주 나빴던 게 분명해요.

---

1 순천 매산학교 옆에 세웠던 안력산(安力山)병원은 미국 남장로회 의료선교사로 군산에 파견되었던 알렉산더의 후원으로 1916년 개원했으며, 개원 당시 서울의 세브란스병원에 이어 두 번째로 큰 서양식병원으로 경상도에서도 수술을 받으러 올 정도로 현대 의학의 중추적인 역할을 담당했다. 안력산병원은 1941년까지 운영되었는데, 일제에 의한 강제추방령으로 선교사들이 떠나고 남은 건물은 매산고등학교 건물로 사용되다가 1991년 화재로 소실되어 부속 격리병동만 남았다.

일반병동에서 로저스가 맡은 일의 무게가 상당히 심해져서 나도 눈과 피부 쪽의 환자들, 그리고 업무 관리를 맡기로 했어요. 상상할 수 있는 모든 상태의 불구자들, 잘 못 걷는 사람들과 앞을 못 보는 사람들이 몰려들었고 상상할 수도 없는 증상을 가진 환자 수도 많았어요.

평균 75명이 입원해 있었고, 작년에는 749건의 수술이 이뤄졌어요. 새로 지어진 부속 건물은 아주 멋지고, 무엇보다 필요한 물건들을 채워 넣는 일이 시급해요.

로저스는 훌륭한 외과의사이고, 이곳에서 정말 일을 잘하고 있어요. 최근에 여러 선교사들의 수술이 연속적으로 이어져서, 그는 제법 많은 선교사들을 수술해야만 했어요.

그 749건의 수술 가운데 정말 귀한 세살 남짓한 소녀의 수술이 있었는데, 그 아이의 목 옆으로 자기 머리만큼 큰 혹이 있었거든요. 한국 사람들은 종양을 혹이라고 부르기 때문에 그 아이의 이름은 혹순이거나 착한 혹이었는데, 수술한 후에 그 이름은 복순이(福順伊) 아니면 순복이(順福伊)로 바뀌었어요.

그 아이는 더럽고 가여운 모습으로 왔었는데, 이제는 제일 눈길을 끄는 귀여운 어린 소녀로 바뀌었어요. 내가 그 아이를 볼 때마다 강아지 짖는 소리를 냈더니 나를 개라고 부른답니다.

이제 병원에는 치료가 어려운 악성인 경우가 더러 있고, 거의 날마다 많은 수술이 이뤄집니다. 다섯 살짜리 한 아이는 숨을 쉴 수 없어서 기도에 구멍을 내고 거기에 튜브를 달았어요. 오늘 수술을 받은 한 소녀는 아마도 괴사(壞死) 때문에 아래턱을 잃게 될 거예요. 어제 수술 받은 한 아기는 발에 박힌 바늘 반 토막을 제거했어요. 한 나이 많은 교인은 장(腸)이 완전히 변으로 막혀서 위독한 상태입니다. 여인 한 사람은 다이너마이트가 손에서 터졌는데, 아마도 팔을 잃게 될 거예요.

여기에선 여우를 잡기 위해 음식 안에 뇌관화약을 넣는데, 사람들이 실수로 그 음식을 먹다가 턱이나 머리 혹은 그 이상을 손실(損失) 당합니다. 나 또한 이 끔직한 관행 때문에 기르던 개 여러 마리를 잃었어요.

이번 주에는 한 어린 소년의 방광에서 커다란 돌멩이를 제거하기도 했어요. 이러한 경우들은 병원에 입원한 75명의 환자들 가운데 몇 예(例)이지요. 이들을 돌보며 이러한 일을 하는 50명의 직원들을 위해 기도해 주세요.

대개는 미국에서 보는 것과 같은 질병들이 여기도 있어요. 어떤 것은 미국에는 있는데 여기서는 볼 수가 없고요.

이곳에는 버거씨병(Thromboangiitis obliterans) 이라는 특이한 병이 있어요. 발가락과 손가락이 감염이 되면 순환계가 폐쇄되면서 괴사가 따르고, 때에 따라서는 진행을 예방하기 위해 팔이나 다리를 여러 번 자르는 게 필요하기도 해요. 어떤 경우에는 두 팔과 두 다리를 다 자른 다음에야 그 병에서 낫기도 하지요.

갑상선 비대증과 구루병(佝僂病)[2]은 그 곳에서는 흔하지만 이 곳

---

2 구루병(佝僂病)은 비타민 D의 결핍으로 골격의 변화를 초래하는 병이다. 다리가 굽어 내반슬(內反膝)형, O자형이 된다. 비타민D의 결핍 원인으로는 음식으로의 섭

에선 상당히 희귀한 편이에요.

이곳에서 아주 가슴 아픈 경우는 그들이 종종 (내용 없어짐)를 데려오는 것이지요.

진실의 우물

얼마 전에 있었던 성경공부 단체 협회에서 우리는 참새미[3], 진실의 우물[4]에서 온 조사자들을 위해 학년을 나누어야만 했어요. 날마다 한 떼의, 많게는 20명까지의 여인들이 2마일 정도 거리에 있는 진실의 우물에서 걸어왔어요. 아마도 어떤 이들은 그저 구경하러 왔지만, 어떤 이들은 생명수에 관해 알기 위해 진심으로 찾고 있었어요.

새 신자들 가운데 한 사람은 지난 가을에 진실의 우물을 방문했던 몇몇 교인들이 나눠 주었던 성경에 나온 예수님의 일생이 담긴

취 부족과 햇빛(자외선) 부족 등이 있다. 최근에는 단순한 섭취 부족에 의한 것은 거의 없고, 저인혈성 구루병과 같은 선천성의 대사장애에 원인이 있는 경우가 많다. 구루병은 태양을 많이 쬐는 열대 지방과 생선을 많이 먹는 북극 지방, 계란이나 우유 등을 많이 섭취하는 유럽 지방에서는 보기 드문 병이다. 구루병을 치료하기 위해서는 비타민 D 제제와 칼슘을 투여하고 영양을 충분히 섭취하며 햇빛을 많이 쬐어야 한다. 적절한 치료를 하지 않으면 여러 부위의 뼈 이상과 발육 부전이 생기며, 장기간 치료하지 않으면 소인증(小人症)이 나타기도 한다.

3 순천시 상사면 비촌리에 있는 자연마을이다. 참새미 또는 참샘이라고도 하는데, 한자로 냉천리(冷泉里)라고 표기하는 것을 보면 '찬샘'이 맞다. 찬샘은 '차가운 샘'이니 흔한 이름인데, 매퀸이 참새미(Cham Samie)를 '참샘' 쪽으로 받아들이고 성경적인 의미를 부여하여 True Well라고 표기한 듯하다.

4 '참샘'을 한자로 표기하면 '眞泉'이 되므로 '진리의 우물(True Well)'이라고 의역한 것이다.

작은 책자를 받았다고 했어요. 그녀는 그것을 읽자마자 바로 믿었고, 교회를 다니기 시작했지요. 시간이 갈 때마다 빛나는 얼굴로 그녀는 우리가 가르치는 모든 것을 아주 목마르게 마셨어요.

내가 나이 많은 여자들에게 "마음을 정리하시고 잘 들으세요."라고 아주 공손하게 말씀드렸을 때, 그녀들은 "이렇게 소중한 말씀을 들으면서 누가 어떻게 졸 수 있을까요!"라고 말했답니다. 그리고 어떤 사람은 "만약 누군가가 나에게 와서 말해 주기만 했더라면 나는 오래 전에 믿었을 거예요."라고 외친 적도 있어요.

진실의 우물에서 온 또 다른 여인은 "나는 읽는 법을 몰랐고, 아무도 예수님의 말씀을 내게 와서 가르쳐 주지 않았어요. 아무 이유도 없이 갑자기 내 안에서 하나님에 대해서 배우고 싶고, 예배하고 싶은 마음이 생겨나서 월림5 마을에 있는 교회에 다니기 시작했어요."라고 말했어요.

어느 날 오후에 나는 진실의 우물에 갔어요. 이 마을은 높은 계급의 귀족들이 사는 마을이에요. 그곳의 언덕들과 오래된 혹투성이 울퉁불퉁한 소나무들이 있는 숲은 마을까지 밀집되어 초가지붕을 이은 집들의 아름다운 배경이 되었지요.

내 친구 가운데 한 명처럼 내가 한국에 온 이후에 난 이전보다 훨씬 많이 원숭이들에 대해 공감하게 되었다고 말할 수 있어요.

하지만 구경거리가 된다는 것은 유익한 점도 있답니다. 몇몇 여인들이 집집마다 다니면서 미국인을 보러 신자의 집에 오라고 초

---

5 월림리(月林里)는 순천시 월등면에 있는 법정리이다.

대합니다. 그들은 미국 사람을 한 번도 본 적이 없기 때문에 마당은 금방 호기심 많은 여인들과 아이들의 무리로 가득 차고, 남자들은 바깥에서 찬송가와 복음을 듣기 위해 귀를 기울이지요.

신자가 될 만큼 용기있는 한 한국인 경찰이 최근에 그 지역으로 발령이 났어요. 그리고 한국인 경찰로 교인이 된 것 이상으로 진기한 사실은 그가 진실의 우물에 사는 동네 사람 가운데 백 명도 넘는 무리에게 설교함으로 자기의 믿음을 증언할 정도로 용기가 있다는 것입니다. 그 경찰의 간증 덕분에 생명의 길에 대해 배우고 싶은 그 곳의 여인들은 더 용기를 내어 교회에 출석하고, 그 마을의 남자들로부터 이전보다 박해를 덜 받고 있어요.

진실의 우물에는 열린 문이 있어요. 그리고 거기에 예수님의 길을 가르쳐주는 교사들을 원하면서 기도하면서 기다리는 사람들이 있는 다른 마을들이 있어요.

두 가지 다른 경우에 예수님께서 자기 제자들에게 일꾼들을 위해 기도하라고 명령하셨습니다. "그러므로 추수하는 주인에게 청하여 '추수할 일꾼들을 보내주소서' 하라 하시니라."

애나 매퀸

1933년 11월 18일

광주, 한국

사랑하는 고향의 친구들에게,

"메리 크리스마스!"라고 말할 시간입니다. 개인적으로 선물을 보내거나 카드를 보내지 못하는 대신, 근사한 편지를 쓸 수 있기를 바랐어요. 하지만 전도여행을 하는 틈에 이번에는 지원 단체 연감을 위한 성경공부 개요의 준비를 돕고 있고, 이제 몇 분 후에는 12일 동안 시골의 교회들을 둘러보는 여행을 떠나야만 됩니다.

나의 전도 여행 가운데 작은 뉴스 – 병원에서 일어난 화재에 대해 쓰고 싶었는데, 닥터 스미스가 마가렛 프리차드의 마지막 편지 사본을 여러분들께 보내 주기를 바랍니다. 나는 그냥 우리 사역에서 지금 국면한 상태에 대해 알리고 싶었어요. 이젠 가야 할 시간이네요!

새해 인사를 보내며,

애나 매퀸

내슈빌, 테네시에서 193년 12월 9일에 받음

주소: 애나 매퀸, 광주, 한국

우표: 편지 5센트, 엽서 3센트

1934년 7월 31일

지리산 C.E. 그래함 캠프

사랑하는 고향 친구들에게,

그대의 생일날,

햇살이 빛나 주기를,

하늘은 맑고 푸르르기를,

꽃들은 향기를 전해주기를,

그리고 온 세상이 그대에게 멋지게 보이기를

내가 받은 카드들 가운데 하나에 적힌 소원이 그대로 이루어졌어요.

어제, 내 생일은 이곳 지리산에서 우리가 맞았던 가장 아름다운 날이었지요. 아침에 나는 비신자들 대상으로 하는 성경 강의를 준비하려고 바깥에 나갔다가, 눈앞에 펼쳐진 굉장한 자연 풍경을 즐기느라 아무 것도 할 수 없었어요.

우리들은 우리와 광주에 위치한 경쟁이 되지 않는 산들 사이에서 아홉 개의 산맥을 셀 수 있었지요. 캠프 위의 하늘은 아름답고 맑고 푸르렀는데, 저 멀리 양털 같은 흰 구름이 파도가 굽이치듯 부풀어 있고, 여기 저기 보이는 높은 산들의 꼭대기는 바다의 섬들처럼 드러났어요.

나의 생일날 친구들이 보내주신 도움이 되는 글들을 읽으면서 얼마나 즐거웠는지 모릅니다. 내가 알지도 못하는 많은 친구들이 나를 위해 중보기도를 해 주고 있음을 깨닫는 것이 격려가 됩니다. 나는 하나님께서 여러분의 기도에 응답하시는 것을 분명히 느끼며, 앞으로도 계속 하나님의 주권으로 이곳에서의 사역을 위해 내게 힘과 능력을 보내주시도록 계속 기도해주실 것을 간청합니다.

만약 내가 스코틀랜드인이라서 '내 생일 카드들 가운데 더러는 나중에 다른 친구들에게 인사장으로 쓰기 위해 한 쪽으로 밀어놓았다'고 고백한다면 뭐라고 하실지 궁금해요. 그리고 나머지 사랑스런 카드들도 결국은 예쁜 그림을 역시 좋아하는 한국인들에게 나누어 주게 되겠지요.

올해의 우리 선교 모임의 처소 보고서를 작성하는 일이 내 몫으로 떨어졌어요. 거기서 발췌한 내용을 조금 여기에 더하면 여러분들도 광주에서의 우리의 사역에 관한 뉴스들을 조금씩 접하실 겁니다.

우리 처소에서는 6월 26일 엘리스 쉐핑[1] 양이 하늘 본향으로 부르심을 받고나서 큰 상실감을 견뎌내고 있습니다.

---

1 한국간호의 선구자로 불리는 엘리자베스 쉐핑(Elizabeth J. Shepping, R. N. 1880-1934)의 한국식 이름은 서서평(徐舒平)이다. 쉐핑(Schepping)은 이디시아어로 샘에서 무엇을 끌어내다(Shep), 그로부터 큰 기쁨을 얻고 매우 자랑스럽게 여긴다는 뜻이다. 1912년 2월 20일 한국에 파송되어 광주선교부 제중원(원장 우월순)의 간호사로서 병원과 주일학교에서 선교하였다. 한국어를 배우고 저고리 통치마를 입었으며, 남자 검정 고무신을 신었다. 1934년 54세로 소천하기까지 22년 동안 의료 혜택을 받지 못하던 광주의 궁핍한 지역을 중심으로 제주와 추자도 등에서 간호선교사로 활동하였으며, '나환자의 어머니'라고도 불렸다. 입양하여 키운 고아가 14명, 한 집에서 같이 지낸 과부가 38명이었다고 한다. 임종 때에는 자신의 시신을 의학용으로 기부하였다.

전선은 약해졌고, 빠진 인원을 채워주기 위해 나오는 새로운 보충병이 없습니다.

시골의 전도 사역을 도와 줄 더 많은 전도부인을 구할 수 있도록 기도해주시기 바랍니다.

여러분의 인사와, 관심과, 기도에 많은 감사를 보내며.

여러분의 동역자,

애나 매퀸

내슈빌, 테네시 1934년 8월 25일에 받음

주소: 애나 매퀸, 광주, 한국

우표: 편지 5센트, 엽서 3센트

1935년 11월 16일

광주, 한국

친구들에게,

이번 주는 한국의 추수감사절인 추석이고, 이 말은 여러분들에게 크리스마스 인사를 보내기 시작해야 하는 시간이라고 말해 줍니다.

오늘은 겨울 같아요. 하지만 그동안 상쾌한 가을 날씨가 계속되어서, 집 밖에 나와 여러 지교회와 기도소 등을 둘러보는 게 즐거웠어요.

지난 가을에 나는 순회 설교 도중에 발목 삔 것을 치료하기 위해 순회를 중단해야 했어요. 그 대신 성경구절들로 된 책자를 편집하는 시간이 되었지요.

한국 여인들은 성경 구절들 배우기를 좋아합니다. 글을 읽지 못하는 나이 많은 여인들은 다른 사람들에게 시켜서 자기들이 그 구절들을 반복함으로 말씀의 작은 부분이라도 가슴 안에 소중하게 간직하려고 합니다. 그 밖에 다른 사람들 가운데 나에게 '기억에 남는 구절들을 골라달라'고 요청했던 한 젊은 여인은 시력을 상실했던 사람이었어요.

제이니 맥거이 양의 책자, 『확실한 약속들』을 지침으로 사용해서 『소중한 약속들』이라는 이름으로 100개의 성경구절들을 모아 편집했어요. 조선예수교서회에서 인쇄한 그 책자는 4전에 팔리는데, 미국 돈으로 치면 1센트는 넘고 2센트보다는 좀 적은 액수에요.

그런데 이 사람들은 몹시 가난해서 대부분은 손 안에 한국 동전 (銅錢) 4개가 없어요. 그래서 어떤 날 나는 한천¹ 마을의 여인들과 어린이들에게 책값으로 돈 대신 계란, 밤, 혹은 호박을 기꺼이 받겠다고 말했어요.

내가 원했던 것은 서리 내리기 전까지 다 익지 않은 파란 애호박이지, 초가지붕 위에 얹힌 커다랗고 누런 늙은 호박이 아니었어요. 나는 호박 몇 개만 있으면 열흘 정도 집을 떠난 시골 여행의 반복되는 밥상에 변화를 줄 거라고 생각했거든요.

그런데 그 발표를 한 다음, 이른 아침부터 어두울 때까지 내 작은 방 안(5피트 × 8피트)에서, 특히 식사시간이면 호박이란 말이 자주 나오는 말이 되었어요. 작은 창호지 문을 열면『소중한 약속들』책자와 바꾸기 위해 한두 개의 호박을 들고 서 있는 어린 소년이나 소녀, 젊은 여인, 혹은 나이 많은 할머니들을 보곤 했어요.

이렇게 해서 순식간에 열두 개의 크고 작은 호박들을 받았고, 그 가운데 몇 개는 다시 돌려보내야 했지요.

내가 다음 교회로 가기 위해 길 가에서 승합버스를 기다리는 동안 『소중한 약속들』과 어린이 소요리문답을 받으려는 마지막 쇄도가 있었어요. 그 때 내 가방 속으로 쏟아진 게 계란이 아니고

---

1 화순군에 속한 면(面)인데, 요즘은 천운산 자락에 있는 한천자연휴양림으로 유명하다. 동복면에 한천리가 있는데, 한천(寒泉) 마을 하나로 이루어져 있다. 마을에 차가운 샘이 있어서 '찬샘'이라 부르고, 한자로 한천(寒泉)이라고 표기했다고 한다. 이 편지에서는 아마도 찬샘이 있는 한천리를 가리키는 듯하다.

밤이어서 정말 반가웠어요.

마술사의 12살 된 아들이 우리 성경교실에 출석했었는데 아주 신실했어요. 그 아이의 눈에서 아주 절실하게 원하는 눈빛을 보고 내가 떠나는 지금 그 책자를 그냥 준다면 돈을 주고 샀던 사람들이 어떻게 생각할지 망설이기 시작했어요. 그런데 마침내 그 아이는 자기 선생님인 한 청년에게 책값 4전을 빌려 달라고 부탁했지요. 그 교사는 3전을 마련해서 그게 자기가 가진 전부라고 했어요. 그렇게 해서 그 마술사의 아들은 3전에 내가 조금 사용했던 『소중한 약속들』을 받았고, 나는 그가 구입하게 되어서 아주 즐거웠지요.

우리는 자주 사람들에게 분명한 선물을 하게 되기를 바랐고 가끔은 그렇게 했어요.

그들은 아주 가난해서 그 가운데 많은 사람들의 영양이 모자랐고, 먹을 식량이 모자라 이번 겨울에 굶주리게 될 거에요.

다른 사람들도 역시 의심하지 않고 여러 방법으로 성경 암송 구절 책자를 고루 퍼뜨렸어요. 누구든지 그것을 받으면 충실하게 사용하고 그것이 많은 사람의 믿음을 세우는 도구로 사용되도록 기도해 주지 않으시겠어요?

현재 나는 학교 업무를 보지 않는 동안에도 수피아학교 교장인 플로렌스 루트 양과 함께 살기 때문에 학교와 가깝게 접촉하며 지냅니다. 근사한 새 건물[2]이 세워진 것에는 그녀의 공이 아주 큽

---

2 이 건물은 1927년 11월 30일에 준공된 윈스보로우 홀을 가리킨다. 플로렌스 루트는 유화례(柳花禮)라는 한국 이름으로 더 널리 알려져 있는데, 스미스 대학을 졸업하

니다. 그녀는 그 건물을 설계했을 뿐만 아니라 이른 봄부터 유난히도 덥고 견디기 어려운 여름까지의 공사 과정을 충실하게 지켜봤습니다. 그 건물에는 음악, 과학, 특별히 가정학을 가르치는 특별교실들이 있고, 또한 음악 연습을 하는 교실도 있어요. 그 건물은 1927년 생일에 받은 돈의 일부로 지어졌는데[3], 이제 그 돈은 별로 남지 않았어요.

또한 이번 해에 나는 병원 내에서의 선교 사역 감독자로서 의료 쪽과 가깝게 접촉하며 사역하고 있습니다. 환자들은 바다의 섬들에서 뿐만 아니라, 반도의 여러 지역에서부터 왔습니다.

그들 가운데 많은 사람들은 첫 성탄절에 천사가 전해준 "보라! 내가 온 백성에게 미칠 큰 기쁨의 좋은 소식을 너희에게 전하노라."는 소식을 한 번도 들을 적이 없었어요.

물론 육체적으로 고통받는 사람들을 보는 것과 자선단체를 돕기 위해 계속해서 더 많은 돈이 필요한 것은 참 슬픈 일이에요. 하지만 1900년도 더 이전에 다윗성에서 태어나신 구세주의 복음을 진지하고 열심히 듣는 사람들을 가르칠 때 가슴 속에 놀랄만한 만족함이 있었지요.

고 1927년 광주에 도착하여 1년 동안 한국어 공부를 한 뒤, 1928년 수피아여학교에 음악교사로 부임하여 1933년 4월 1일에 제5대 교장으로 취임했고, 1937년 9월 6일 일제가 강요하는 신사 참배를 거부하고 폐교(閉校)할 때까지 교장으로 봉직하였다.

3 수피아여학교의 본관인 윈스보로 홀은 1927년에 미국장로회의 부인전도회에서 윈스보로 여사가 주동이 되어 생일헌금 사업비 58,875달러를 기증함으로써 건립하였고, 체육관과 음악관과 운동장을 마련하였다는 것이다. 윈스보로 여사는 1930년에 수피아를 방문하였다. 윈스보로 홀은 지하 1층 지상 2층의 붉은 벽돌집으로서 매우 아름다운 양옥이다. 『수피아 百年史』, 2008, 265쪽.

이것은 크리스마스 편지가 아니지만, 이 편지에 여러분 한 사람 한 사람에게 나의 진심으로 기쁜 성탄과 복된 새해의 인사를 보냅니다.

여러분의 친구이며 동역자
애나 매퀸

내슈빌, 테네시, 1935년 12월 13일 받음
주소: 애나 매퀸, 광주, 한국
우표: 편지 5센트, 엽서 3센트

안복 (Glad Blessing)

이따금 천막 모임은 한국의 미전도 지역에서 전도 사역을 시작하는 첫 번째 수단이 됩니다. 여러 해 전에 미전도 지역 가운데 한 곳에 가서 나는 두 명의 장로와 전도부인과 함께 노인정이라고 부르는 공동 건물을 빌려서 전도 센터로 사용했었지요.

그 지역의 많은 사람들은 백인 여성을 한 번도 본 적이 없었기 때문에 외국인의 출현은 인파를 끌어 모으는데 도움이 되었습니다. 저녁이면 곡식을 말리는 커다란 멍석들이 마당에 깔렸고, 모든 연령대와 모든 신분의 사람들이 그 위에 앉아 찬송가와 성경 이야기, 그리고 설교 말씀을 들었습니다.

몇 달 후에 도슨 양과 전도부인이 그 지역에서 시작됐던 사역을 계속하기 위해 같은 마을을 방문했습니다. 어느 날 전도부인이 마술사의 집 안에서 구원의 길을 이야기했습니다. 그 집안의 나이 많은 사람들은 마술이 그들의 생계수단이었으므로 교리에 대해 가차없이 반대를 했지요. 한데 그 집안의 딸, 안복이라는 뜻의 이름을 가진 젊은 과부가 즉시로 예수의 도를 따르기로 결심을 했습니다.

그녀는 놀림거리와 박해를 극복하고 성실하게 초신자들의 모임 장소로 출석을 했습니다. 그녀의 심장은 영혼을 향한 커다란 열정으로 불타는 것 같아 보였지요. 근처의 마을에서 그녀는 주일학교를 늘리기 시작했고, 그녀의 진지한 수고 덕분으로 그 작은 교인의 무리에 점점 더 많은 여인들과 어린이들이 조금씩 늘어나게 되었습니다.

희생적으로 바치는 쌀과 동전들로 마침내 그들은 진흙과 짚으로 만들어진 살림집을 하나 구입할 수 있었고, 그들은 그 집을 교회건물로 개조하였습니다.

선교사들은 안복이를 이일성경학교[4]에서 공부할 수 있도록 해 주었는데, 그녀는 순회전도의 시급한 필요를 충당하려고 1년 만에 학교를 마치고 전도부인으로서의 경험을 얻었습니다. 사람들은 그녀의 성실함과 열의에 기뻐하였고, 시골 교회들로부터 "안복이를 우리에게 보내 주세요"라는 요청이 많아졌어요. 그녀는 사역을 위해 아낌없이 자기 자신을 내주었고, 자주 그녀의 타는 듯한 열정은 그녀의 제한된 체력에 세금을 초과시켰습니다.

지난 봄에 그녀는 어떤 광신자에게 취하여 자기 선생님들의 간절한 탄원에도 불구하고 학업을 포기하고 광신적으로 생각하는 쪽으로 따라가는 것처럼 보였습니다. 그녀는 육체의 어려움을 겪고 있어서 우리는 그녀의 건강과 또한 그녀의 정신과 영혼의 균형을 염려하고 있지요.

지금 그녀는 따로 떨어진 지역에서 그녀의 시간을 전적으로 성경 읽기, 기도, 그리고 묵상하는 것에 쏟고 있다고 합니다. 모든 면에서 그녀를 향한 확실한 하나님의 계시가 그녀에게 주어지고 그녀가 하나님의 능력으로 보호되기를 기도해주지 않으시겠어요?

선택받은 많은 이들이 이 땅의 거대한 종교부흥을 통해 전능하신 하나님의 능력이 명백하게 드러나기를 밤낮으로 진심으로 간청합니다. 부교역자 (The under shepherds)들은 특별히 굳게 서서 늘 기도해야 합니다. 그들이 진실되고 신실해서 양무리들을 바른 길로 인도하기를. 여러분에게 이 커다랗고 다급한 중보기도의 사역의 한 부분이 맡겨졌습니다.

애나 매퀸

---

4 서서평이 로이스 니일(Lois Neel)의 도움을 받아 광주에 만든 학교였기에 그의 이름을 따서 이일성경학교(the Neel Bible School)라고 하였다. 한자로는 '李一'이라고 표기하였다. 1922년에 이일여자성경학교로 시작하였다가, 나중에 전주에 있는 한예정신학원과 합하여 한일여자신학교가 되었고, 1998년에 한일장신대학교로 교명을 바꾸었다.

1938년 11월 21일
광주, 한국

친구들에게

11월 21일이네요. 먼 곳 한국에서 여러분들에게 보낼 크리스마스 인사를 시작해야 할 시간이지요.

1주일 전에 미국에서 플로렌스 루트가 도착해서 이제 우리 넷은 -플로렌스 루트, 메리 도슨[1], 마가렛 프리챠드와 나- 하루에 세 번 원탁 테이블에 함께 모이고 있습니다. 우리가 각각 대표하는 주는 뉴욕, 텍사스, 버지니아, 그리고 노스캐롤라이나로 다 다르긴 해도, 우리는 잘 통하는 구성원들이라 이렇게 완전한 동아리를 다시 이루게 되어서 참 좋습니다.

메리 도슨과 나는 8월 6일에 밴쿠버에서 함께 배를 타고 떠나 8월 22일 광주에 도착했습니다. 처음 며칠은 한국인 방문자들이 끊임없이 이어져서 짐을 풀고 정돈하는 게 어려웠습니다. 물론 그

---

1 메리 도슨(Mary Lucy Dodson, 1881-1972)의 한국식 이름은 도마리아로, 조지아주 트렌톤에서 태어나 대니얼 베이커 대학에서 공부하던 중 한국 선교사로 소명을 받았다. 1912년 9월에 목포를 거쳐 광주에 도착하여 호남 선교를 시작하였다. 1922년 서서평 선교사의 집에서 광주지역 부인조력회를 창립하였으며, 10월부터 1년 8개월 동안 순천 매산여학교에서 가르쳤다. 두 번째 안식년에서 돌아와 이일성경학교 교장으로 가르쳤고, 1930년 평양에서 열린 제3차 여전도회연합회 회장에 선임되었으며, 제4차 회장에 연임되었다. 1941년 일본의 진주만 폭격으로 미국과 전쟁 상태가 되자 대부분의 선교사들이 철수하였는데, 도마리아는 선교부를 지키기 위해 잔류를 결정하였으나 6개월 동안 연금되었다가 결국 추방되었다. 1947년에 광주로 다시 돌아와 70세가 되던 1951년에 은퇴할 때까지 선교하였다.

들의 진심어린 환영은 우리 마음을 즐겁게 해주었지요. 우리들은 그들이 그때 우리가 온 것과 다른 선교사들이 돌아오고 있다는 소식을 자기들을 계속해서 지원해주는 신호로 받아들였기 때문에 특별히 고무되고 있음을 알게 되었습니다.

도슨 양은 지금 이일성경학교에서 교장이자 교사이어서 바쁩니다. 내가 성경학교에서 한 달 간 「레위기」를 가르쳤는데, 전에 한 번도 가르쳐 본 적이 없는 「레위기」 같은 책을 한국어로 강의하려고 내 혀를 재빠르게 굴리는 게 어려웠어요. 턴벌 박사님의 책이 도움이 되었는데, 젊고 영리한 14명의 젊은 여인들이 나만큼 많이 배웠기를 바랍니다.

지난 주에 나는 이곳에서 40마일쯤 떨어진 산 속에 있는 교회의 성경반으로 돌아갔습니다. 낙스 박사가 아침에 두 수업을 가르치는 동안 나도 두 수업을 가르쳤고, 그는 또한 경건의 시간과 저녁 예배의 설교를 이끌었어요.

이번 가을에 있었던 나의 다른 전도여행들은 모두 일일 여행이었지요. 시골에서 나는 종종 이 성구가 떠오릅니다. "많은 사람들이 즐겁게 듣더라"(마가복음 12:37)

어느 주일날 아침에 우리가 터키촌을 떠날 때 나는 한 손에는 계란 한 줄을, 또 다른 한 손에는 과일 바구니를 들고 가는 닥터 뉴랜드, 그리고 바로 곁에서 전도사가 그를 위해 살아있는 닭 한 마리를 들고 가는 것을 보았습니다. 저녁 예배 때 성경 공부 시간 동안, 한 소년이 나중에 낙스 박사에게 줄 닭 한 마리를 맡아 돌보고 있었어요. 그런데 갑자기 그 닭이 도망가려고 기를 쓰며 꽥 소리를 지른 겁니다. 나는 눈을 아래로 내려 깔고 나의 재미있는 표정을 감춰 보려고 애를 썼는데, 이 우스꽝스런 상황에도 회중들은 아무도 흥미있어 하지 않는다는 걸 알아차렸습니다. 그들은 교회의 신성함에 관해 배울 것이 많았던 거지요. 하지만 그들은 분명히 감사하는 사람들이고, 이런 작은 사건들에서도 목사님에 대한 그들의 사랑을 잘 나타냈답니다.

내 업무의 일부로, 나는 병원 내에서의 전도 사업을 맡고 있어요. 나는 그 곳에서 특히 입원환자들을 위한 개인 사역의 근사한 기회를 정말 많이 누리고 있지요. 어떤 이들은 이곳에 몇 주씩 지내면서 육체적으로 말씀을 들을 수 있으며, 날마다 계속되는 수업을 감사해하고 있습니다.

한전도사나 전도부인 정씨는 주간 진료소에 오는 사람들을 만나서 도와주고, 입원환자들과 그들의 곁을 지키는 가족들 사이에서 또한 바쁘지요. 그들은 모두 훌륭하고 열심히 하는 동역자들입니다.

어때요? 돕고 싶지 않은가요? 이방인의 땅에서 그들의 나약한 말들에서 어찌 그런 능력이 나오는지 놀랍습니다. 그 때 고향에선 교우들이 두 세 사람이 모여 한 시간씩 기도했겠지요.

여기에 내가 특별히 관심이 있는 몇몇 비신자들이 있습니다.

(1) 잿물을 마신 한국인 하갈(목숨을 잃을 정도로 독하지 않았음)이 있는데, 그녀는 집안의 박해 때문에 잿물을 마셨습니다.
(2) 하갈에게 자기의 밥을 나눠 줄 정도로 친절한 동료 환자.

이 둘은 이제 모두 퇴원했습니다.

(3) 척추 결핵을 앓는 젊은 여자인데 가망이 없는 경우이지요.

(4) 결핵 병동 안에 있는 젊은 남자와 그의 어머니.

교인들 가운데 특히 전도부인들을 위해 기도를 부탁드립니다. 그들의 사역과 미래의 계획을 위하여. 그리고 용서하지 못하는 영을 가진 지도자로 인해 편이 갈라진 봉덕의 작은 교회를 위해서도 기도를 부탁드립니다.

전에 내가 아꼈던 제자, 안복(Glad Blessing 여기 동봉함)을 위해 시간을 내서 기도해 주길 바랍니다.

이 편지는 나의 개인적인 편지로 받아 주시고, 시간을 내서 이따금 답장해 주시길 부탁드립니다.

땅 위의 평화, 사람들에게 기쁜 소식 크리스마스 찬송이 다시 울리고 새해의 모든 축복이 계속되고 여러분에게 가장 귀한 선물들이 풍성하기를.

크리스마스 계절의 모든 좋은 소식과 함께,

친구, 애나 매퀸

내슈빌, 테네시에서 1938년 12월 16일 받음

주소: 애나 매퀸, 광주, 한국

우표: 편지 5센트, 엽서 3센트

1939년 8월 16일
C.E. 그래함 캠프

사랑하는 친구들에게

오늘은 아침 일찍 일어난 새들과 함께 하루를 시작했습니다. 새벽녘에 밖에 나와서 부풀어 오른 흰 구름들이 산 능선 너머로 해가 올라오면서 예쁜 분홍빛으로 변하는 것을 보는 게 정말 근사했지요. 산등성이까지 걸어간 우리들은 거기에서 광주의 앤 페이즐리, 목포의 마르다 하퍼, 그리고 서울의 스토크 씨 부부에게 작별 인사를 하려고 기다렸습니다.

앤과 마르다는 아그네스 스콧 대학교[1]에 들어가기 위해 미국으로 가는 길이지요. 사라 뉴랜드가 그들과 동행할 겁니다. 평양고등학교[2]에서 18명의 졸업생들 가운데서 마르다는 수석의 영예를 얻었는데, 마르다는 매리의 한국식으로 부른 이름입니다. 사라는

---

[1] 1889년 조지아주 디케이터에 세워진 900명 규모의 사립 여자대학으로, 2019년 U.S. News & World Report가 선정한 혁신적인 리버럴 아츠 대학이다. 독특한 SUMMIT 프로그램을 통해 모든 학생들이 글로벌 사회의 리더가 될 수 있도록 도와준다. 고딕 양식과 빅토리아풍의 붉은 벽돌 건물이 아름다운 캠퍼스에서 전원 기숙사 생활을 하고 있다.

[2] 루이스 오길비가 1900년에 외국인 자녀들을 가르치면서 평양외국인학교(Pyeng Yang Foreign School)가 시작되었는데, 뉴욕주 교육부 규정에 따른 교육과정을 가르쳤으므로 졸업생들이 미국 대학에 어려움 없이 입학하였다. 한국은 물론 중국과 일본에 있는 선교사 자녀들까지 유학 올 정도로 수준이 높았으며, 졸업생들 가운데 상당수가 한국에서 활동하였다. 1940년 조선총독부에 의해 폐교되었다.

차석의 영예를 얻었고, 앤은 학생들이 투표로 뽑은 4년간의 고등 학교 기간에 가장 감동적인 봉사를 한 졸업생에게 주어지는 트로 피 컵을 받았지요. 이 정도면 우리 남부 장로교회 소녀들을 자랑 할 만하지 않은가요?

하퍼[3] 박사님 부부는 지난해에 맏아들을 데이빗슨 대학에 보냈 고, 올해는 외동딸과도 작별하고 있습니다. 가족들과 친척들과의 작별은 선교사들에게 가장 어려운 일인데, 어떤 사람들은 이것이 선교사들의 삶에서 유일한 어려움이라고도 말하지요.

원래 사우스캐롤라이나에 있던 감리교 연합의 메리온 스토크 박사가 지난주에 우리 성경협의회를 이끌었어요. 그는 믿음, 소 망, 사랑, 성화, 그리고 성령 충만과 성령을 받는 것 등의 주제로 우리에게 도움이 되고 감화시키는 메시지를 전했지요. 그는 하나 님의 능력을 발산하며 그가 우리에게 강력하게 말하는 것보다 더 높은 수준으로 그 자신이 의심없이 아주 명백하게 살고 있었습니 다. 그의 네 아들 모두가 사역의 길로 들어섰다는 사실이 곧 스토 크 박사의 훌륭한 회고록이지 않을까요?

나는 이곳[4] 산에 있는 동안 12월 5일부터 15일까지 있을 우리

---

3 조셉 하퍼(Hopper, Joseph, 1892-1971)의 한국식 이름은 조하파(趙夏播)인데, 켄 터키주 루이스빌신학교를 졸업하고 1920년 한국에 와서, 주로 목포선교부의 농촌 선교에 힘썼다. 『신학지남』 13권 2집에 실린 「영적자아발전(靈的自我發展)」(1932) 이란 글에서 하나님을 위하여 일하는 것을 가장 고귀하게 생각하며 선교했던 그의 신앙을 엿볼 수 있다.

4 1920년대 한국 남부지방에서 활동하던 남장로교 선교사들이 풍토병이나 말라리아 치료를 받고 심신의 피로를 풀며 영적 재충전하는 수양관을 전라남도 구례군 노고 단 일대에 세웠다. 프레스톤(J. F. Preston, 변요한)을 비롯한 선교사들이 세웠으며,

여자 성경교실을 위해 사람을 감화시키는 지도자를 정하려고 애썼습니다. 경험으로 보면 출석률이 많을 땐 400명 정도였는데 이번에는 가장 저조할 듯합니다.

한 가지 걱정은 가뭄이 극심해서 쌀 수확이 아주 적을 거라는 사실입니다. 나는 여자들에게 어떤 때보다 더욱 영적인 각성이 필요하다고 느낍니다. 모든 장해, 물질적이거나 그 밖의 방해 거리들이 극복되고 이 성경 교실이 이 지역 주민들뿐만 아니라 이 나라의 사람들에게 부흥의 도구가 된다면 좋겠어요.

미국의 우리 동네 몇몇 젊은 사람들과 또 다른 사람들이 지난해에 꽤 상당한 양의 옷핀을 주어서 한국에 올 때에 가져왔습니다. 그 핀들은 열흘 성경반에서 끝까지 남은 모든 여자들에게 하나씩 다 나눠줄 정도로 충분했지요. 그렇게 소박한 선물을 받고 그들이 얼마나 기뻐했는지, 여러분들은 아마도 상상할 수 없을 겁니다. 어쩌면 11월이 되기 전에 다른 젊은이들 모임이나 동아리에서 한정된 여유분의 예산으로 성경반 여자들에게 줄 옷핀을 보내고 싶을런지도 모르지요. 그 옷핀들을 카드에서 빼면 아마 소포료가 줄어들 겁니다.

나는 남은 옷핀들을 사용하고 있고, 다른 것들은 나와 친한 나이 많은 여자 교인을 지원하는 수단으로 이번 여름에 내가 북경에서

이곳에서 한글 성경번역과 성경공부 교재의 번역도 이루어졌고, 선교전략 계획을 세우기도 하였다. 한국전쟁 중에 대부분 파괴되었는데, 1961년부터 왕시루봉에 몇 채를 다시 세웠다. 한때 계약기간이 만료되어 철거 위기에 놓였으나, (사)지리산기독교유적지보존연합 중심으로 문화재 지정과 보존운동을 펼치고 있으며, 다양한 문화행사가 이 지역에서 개최되고 있다.

사온 겁니다. 그녀는 몸이 몹시 약하고 다리를 절지만, 옷핀 한 개에 5전씩 썩 쉽게 잘 팔지요. 한국인들은 그녀가 하루에 10전 혹은 옷핀 두 개씩을 먹는다고 말하는데 그건 그녀의 하루 생활비라는 말이고, 대략 3센트, 아니면 3센트가 약간 안되는 액수입니다. 올 농작물 수확량이 적기 때문에, 우리는 올 겨울 자선사업이 절실하게 필요하게 될 거라고 예감합니다.

지난 4월에 안복(Glad Blessing)이 나를 보러 와서, 난 그녀를 다시 만난 게 정말 기뻤습니다. 그녀는 수도자로서의 삶을 거의 포기한 것처럼 보였어요. 그녀와 방을 함께 쓰는 전도부인 말로는 그녀가 절반 정도 돌아온 거라고 합니다. 나는 그녀가 예수님께 적극적으로 봉사하는 것을 물으러 나를 다시 보러오지 않았기 때문에 실망하고 있었는데, 다음 주에 광주에 돌아가면 난 꼭 그녀와 다시 연락하려고 합니다.

이 산의 처소는 광주로부터 50마일 정도 거리입니다. 우리의 거주지는 이번 여름 동안 몹시 덥고 건조한데, 가장 극심한 더위를 피해 이렇게 시원하고 멋진 곳에서 힘을 비축할 수 있어서 우리에게 정말 다행한 일이지요. 하지만 집에 돌아가서 병원에서의 개인 사역과 시내에서 하던 일을 마무리하는 것도 기쁠 겁니다.

우리는 양잿물을 마셨던 여인이 집으로 돌아간 후에 죽었다는 소식과 그녀와 밥을 나누어 먹었던 그 사람이 교회에 출석하면서 다른 두 사람을 데리고 온다는 소식을 들었지요.

여러분 가운데 몇몇이 보내준 생일을 축하하는 예쁜 카드에 감사하고, 이 편지를 감사의 답장으로 받아 주기를, 그리고 이것을 간접적으로 보내게 된 것을 용서하기 바랍니다. 나의 생일이 있는 주에 에쉬폴, 엘라드, 페어몬트, 아이오나, 미드웨이 그리고 로우랜드의 교회 내의 지원단체가 주는 여성지원단체의 평생 명예회원증을 받은 것은 놀랍고도 기쁜 일이었습니다. 나의 조국 고향 사람들에게 내가 이렇게 멋진 방법으로 기억되다니!

이 편지를 여러 곳에서 계속 쓰고 있는데, 윗 줄을 쓰고 난 다음에 평생회원권 핀이 도착했어요. 윌슨 부인이 미국에서 가져와서, 지금 내가 그것을 달고 있지요. 오늘 받았는데 나는 내가 드러내는 자부심이 혹시 다른 사람들이 용서할 만한 자부심일까 궁금합니다. 참 예쁜 핀이고, 아마도 다른 회원을 시작시킬 수 있는 도구가 될지도 모르지요.

몇몇 기도 제목을 첨부합니다.
기도를 통해 도우며 나를 기억해 주어서 고맙습니다.

여러분들의 친구이며 동역자
애나 매퀸

기도 제목

1. 안복(Glad Blessig)이 다시 예수님을 위한 빛나는 증인이 되기를
2. 고부인(척추 결핵환자)에게 강하고 용감한 믿음이 주어지고, 그녀의 부유한 믿지 않는 친척들에게 증인이 되기를
3. 하늘의 능력이 12월 5~15일에 있을 성경교실 안에 놀랍게 드러나게 되기를
4. 하나님의 축복과 인도하심과 지키시는 능력이 광주, 전주 그리고 우리 연합신학교 안의 성경학교에 함께 하시기를
5. 우리 전도부인들- 특별히 복음이 전해지지 않은 마을에서 새로운 모임을 시작하려고 애쓰는 Y부인과 L부인을 위하여.
6. 우리 목사님들과 교회의 지도자들의 부흥을 위하여, 그리고 선교사님들 위에 특별히 흘러넘치는 하나님의 능력으로 그들이 새로운 상황을 정확하게 만날 수 있도록.
7. 병원의 전도인 한씨, 전도부인 정씨, 보조 전도부인이며 가정부인 이씨, 그리고 나를 위하여 기도를 부탁드립니다. 병원을 찾는 많은 이들에게 우리가 복음의 씨를 뿌리고 책자를 나눠주고 복음을 받아들이도록 하는 일들이 더욱 왕성하게 발전하도록.

내슈빌, 테네시에서 1939년 9월 12일에 받음
주소: 애나 매퀸, 광주, 한국
우송료: 편지 5센트, 엽서 3센트

1940년 1월 16일
광주, 한국

친구들에게

어디서부터 시작해야 할까요? 혹시 광주에서 있었던 결혼식에 대해 들었는지요? 크리스마스가 지나고 수요일에 신부인 오린 윌킨스가 우리 집에 도착했고, 그 다음날 일본 고베에 있는 고베신학교의 W.A. 맥일웨인 목사님과 결혼했습니다.

광주가 우리의 주 근거지이고 선교사들의 교회인 커티스 기념예배당[1]은 작기 때문에, 예식은 우리 교회에서 프레스톤 박사님의 주례로 진행되었어요. 결혼식장은 양치류식물과 포인세티아로 참 아름답게 장식되었지요. 선교회의 거의 모든 회원들이 결혼식에 참석했고, 일본에서 온 손님들도 몇 명 있었습니다.

우리는 우리 집에서 모든 미혼 여성들을 대접했는데, 우리 18명

---

1 【광주 구 수피아여학교 커티스 메모리얼 홀】이 건물은 수피아여학교를 설립한 전라도 지역 선교의 개척가인 유진 벨(Rev. Eugene Bell, 1868~1925, 한국어 이름: 배유지) 목사를 추모하기 위해 (1925년에) 건립되었으며, 선교사와 그 가족들의 예배당으로 이용되었다. 전체적으로 중앙을 기점으로 대칭을 이루고 곳곳에 원형 창과 첨두아치 형상의 창문을 조화롭게 배치하였다. 규모는 작지만 장식적인 요소가 많고 건축 기법이 우수한 건축물이다. 『문화재청』 소개문
광주광역시 남구 양림동 수피아여자고등학교 안에 위치한 이 건물은 건축비를 기증한 코넬리아 커티스의 이름을 붙여 커티스 기념예배당이라 불렸는데, 호남 선교의 선구자인 배유지 목사를 기리기 위해 1955년 선교사들이 회의를 거쳐 배유지 기념예배당으로 이름을 고쳤다. 대한민국 근대문화유산 등록문화재 제159호 「광주 구 수피아여학교 커티스 메모리얼 홀」은 현재 예수피아교회로도 사용되고 있다.

으로 가득 찬 집이 떠들썩하게 즐거웠지요. 예식 후에는 우리 집에서 젊은이들과 어른들 88명에게 순천지부가 준비한 근사한 저녁을 대접했습니다.

우리의 일본 선교회는 그들의 인력에 이같이 멋진 회원이 더해진 것에 축하를 받게 되겠지요.

이번 해에 미국에서 온 크리스마스카드는 전보다 훨씬 더 예뻐서, 그렇게 사려 깊게 내게 크리스마스 인사를 보내 준 모든 사람들 하나하나에게 감사하고 싶습니다. 내가 기억되고 있다는 것에 감사드립니다. 나도 여러분들에게 크리스마스 편지를 보내고 싶지만, 성경교실 준비와 다른 일들이 나를 꼼짝 못하게 하네요.

광주 지역의 일반 여성 성경반은 12월 4일부터 14일까지 열렸는데, '아주 훌륭한 수업이었다'고 보고하게 되어서 감사합니다. 여자 어른들과 소녀들을 모두 합해 243명이 등록했는데, 올해의 심한 가뭄으로 쌀 수확이 거의 실패한 것을 생각하면 정말 너무나 훌륭한 숫자인 셈이지요.

매일 아침과 저녁의 헌신예배 시간에 조셉 하퍼 박사님은 우리에게 정말 진지하고 실제적이며 감격스런 말씀을 들려주셨습니다. 그 분은 뛰어난 성경 교사이고, 여자들은 그들이 받는 새로운 은혜에 대해 계속 감사함을 나타냈지요. 그 성경협의회의 주제 말씀은 "하나님이여! 나를 살피사 내 마음을 아시며, 나를 시험하사 내 뜻을 아옵소서. 내게 무슨 악한 행위가 있나 보시고 나를 영원한 길로 인도하소서"이고, 주제 찬송은 "나의 눈을 여소서"였습니다.

학급은 여섯 학년으로 나뉘어져서 하퍼 박사 부인, 마가렛 하퍼 양, 그리고 월리 버니스 그린 양이 수업을 맡아 지역 선교사들을 돕고 있어요. 특별학년은 나이 많은 여자들, 즉 교인이 된 지는 오래 되었지만 정규반에 갈 정도로 정신이 또렷하지 않은 사람들로 이루어졌습니다. 그 특별학년에는 행복한 나이 많은 여자들이 78명 있는데, 한 선교사는 자기가 이제까지 가르쳐 본 그 어떤 수업보다도 이 나이 많은 여자들 반을 좋아한다고 말하기도 했습니다. 터키촌(Turkey-chone)의 교회에서 온 70세 된 독실한 여자교인은 지난 21년 동안 한 번도 수업을 빼먹은 적이 없다고 했지요.

내 친구들 가운데 하나가 교실에 어떻게 도착했는지를 보여주는 사진을 가지게 되어서 반가웠어요. 그녀는 대부분 산길로 100리(대략 35마일)를 걸어오곤 했지요. 한 손에는 책가방을 들고 이따금 다른 한 손으로는 머리 위에 지고 오는 쌀가마에 이불, 그리고 계란 세 줄(즉 계란 30개)을 붙들곤 했는데, 이 계란들은 나중에 그녀의 선교반 목사님과 나에게 나누어 주곤 했습니다. 이 진지한 한 영혼이 특별한 방법으로 대표하는 그 약하고 작은 교회가 이 어려운 시험의 때를 잘 이겨나갈 수 있도록 우리의 기도가 필요합니다.

여러분들은 아마도 광주의 선교사들 사이에 일어난 부흥집회에 대해 들었겠지요. 우리의 심령은 지리산에서 M.B. 스토크 박사가 주셨던 훌륭한 말씀들로 준비가 되었습니다. 그리고 9월 첫째 주에 하나님께서 택하신 남아프리카에서 태어나고 자란 네덜란드 개혁교회의 젊은 두 여인, 예이콥즈와 마라이즈 양을 우리에게 보내 주셨어요.

예이콥즈 양(이름의 J는 Y로 발음이 됨)은 우리 거실에서 하루에 두 개의 모임을 책임지고 이끌었지요. 주중에 그녀는 우리와 함께 있으면서 그녀의 성경 강의와 개인 면담을 통해 우리가 어떻게 하나님의 말씀을 사용해서 우리 마음속에 감춰졌거나 잊어버린 죄와 결함 뿐 아니라 우리가 고통스럽게 의식하고 있는, 우리를 끊임없이 괴롭히는 죄를 찾을 수 있을지 가장 진지하게 우리에게 보여주려고 애썼습니다.

우리는 그녀가 우리에게 나누어 준 성경 말씀을 개인적으로 신실하게 적용해서 우리의 죄와 실수들을 나열하여 목록을 만들었어요. 그건 인간적으로는 싫어하는 방법이지만, 사람으로 더욱 충분하고 더욱 예민하게 죄에 대하여 깨닫게 해주는 데는 효과적이지요.

그리고 기쁜 소식은 필요할 때 모든 것을 하나님께 고백하고 우리 동료들끼리 참회하고 회복하는 것이 우리 모두에게 한 사람마다 심령의 정화, 평화, 그리고 기쁨을 가져다주었다는 사실입니다.

그 다음 단계는 하나님과 그를 위한 봉사에 우리 자신을 내맡기고 다시 봉헌하는 거였지요. 우리 가운데 여러 명은 즉각적이고 신기한 성령의 충만함을 받는 기쁨을 누렸습니다. 어제 나는 성령을 받은 사마리아인들이 표적을 구하지 않고 단지 하나님의 말씀을 듣고 믿으므로 기쁜 심령으로 마을 안으로 들어간 내용을 읽고 용기를 얻었어요. 조용한 가운데 하나님께서 은혜롭게 나를 축복해주셨는데, 내가 날마다 믿고 신뢰하고 믿음 안에 거하는 삶을 날마다 계속하도록, 그리고 주인이 사용하고자 하는데 알맞는 도구가 되도록 기도해 주기를 부탁드립니다.

별도의 종이에 예이콥즈 양이 하나님의 탐조등이라고 부르는 성경구절 목록들을 포함하는데, 이것이 여러분들의 심령과 삶을 살피는데 사용해 주시면 좋겠습니다.

여러 다른 지역의 선교사들 사이에 부흥이 일어났는데, 그 가운데 몇몇 지역의 영향들이 한국인들 사이에서도 실현되는 중입니다. 날마다 드리는 우리 기도 모임에서 우리는 이 나라에 주님의 영이 거대하게 흘러넘치기를 기도하고 있으며, 우리는 미국 안에서의 전도운동을 위해 기도하는 것을 기억하고 있습니다.

여러분의 친구이며 동역자
애나 매퀸

내슈빌, 테네시, 1940년 2월 13일에 받음
주소: 애나 매퀸, 광주, 한국
우편요금: 편지 5센트, 엽서 3센트

1940년 2월 22일
한국, 광주

사랑하는 가족들에게,

월요일에 미국에서 온 편지 3통을 받았어요. 하나는 1월 21일에 언니가 보낸 것으로 아이린의 편지를 동봉하고 있었어요. 그리고 다른 하나는 베라 무어필드양의 것으로 블라스키 써클에서 보낸 5불짜리 수표가 함께 있었지요. 마가렛의 편지에는 그녀의 사회보장국에서 온 5불짜리 수표, 그리고 그녀가 보낸 것, 또한 저의 언니가 나환자 구호금으로 보낸 것이 동봉되어 있었습니다.

지난 여름에 제가 쓴 편지에 말씀드린 두 젊은 여성 나환자들은 그들의 남편들이 소동을 부려서 집으로 돌아가지 않았기 때문에, 나는 이 수표를 그 새로운 상황을 위해 쓰기로 결정했어요.

화요일 아침에 저는 학교에서 병원으로 가다가 길가에 자기 머리를 무릎에 대고 앉아있는 여자 아이를 보게 되었습니다. 이렇게 추운 날씨에 왜 거기에 앉아 있는지를 알아보는 중에, 저는 그 아이가 병원에 갔다가 '아무 것도 해줄 수 없다'는 말을 들은 것을 알게 되었어요. 저는 그 아이가 한센병환자로 보였기 때문에 의사의 의견을 알아보고 싶어서, 그 아이에게 저를 따라 오라고 했지요. 의사가 그 아이를 보려고 마당으로 나와서는 단번에 그 아이가 한센병, 그것도 이미 많이 진행된 상태라고 말했습니다. 어제 오후에 도착한 여러분들이 보내준 수표가 바로 이 비참한 아이를 위해 보내진 것이 틀림없다는 결론을 내리는 데는 그리 시간이 오래 걸리지 않았지요. 그 아이는 자기가 14살이고 이름이 최섭섭이라고 했어요. 섭섭이란 슬프다는 뜻이므로, 그녀의 이름은 최슬픔인 거죠. 조선의 부모들은 여자 아이들이 태어나면 남자가 아니라서 서운하고 슬프다고 여자 아이들에게 종종 그 이름을 지어준답니다.

이 곳의 한센병환자 구역의 종교부장인 엉거 씨와 의논을 하고 나서, 저는 그 아이에게 편지를 주면서 0.5 마일쯤 떨어진 곳에 있는 작은 간이 기차역으로 찾아가는 길을 알려주었어요. 제가 '혹시 기차를 타본 적이 있느냐'고 물었을 때 그 아이는 "길게 생긴 거 말씀하시는 거지요?"라고 답했습니다. 저는 그 아이에게 기차 요금으로 1달러에 가까운 지폐 석 장을 주고 집으로 온 다음, 서 씨에게 '그 아이와 같이 역으로 가서 기차에 오르는 것을 보고 오라'고 했지요. 그는 우리가 기대했던 것보다 훨씬 더 오래 기다려야 기차가 온다는 것을 발견하고 나서, 그 아이에게 기차를 타는 것에 대해 좀 더 자세하게 말해준 다음에 돌아왔습니다.

하지만 다음 날 섭섭이도 역시 돌아와서 애처로운 이야기를 들려줬어요. 어떤 남자가 그 아이에게 다음 기차역까지 같이 걸어가자고 구슬린 다음, 한적한 곳에 닿았을 때 그 아이가 들고 있던 낡은 밀가루 포대를 풀게 하고 그 안에 우리가 치맛감으로 준 옷감의 절반 정도와 돈을 몽땅 들고 도망갔다고 했어요. 그 아이는 광주의 병원까지 6일을 걸었고, 한 늙은 할머니와 같이 잘 수 있는 잠자리를 찾았으며, 어제 오후에 돌아온 것이지요.

그 아이가 돌아오게 된 이야기를 듣고 나서, 저는 서둘러 다른 대책을 찾아야만 했습니다. 그 아이는 따뜻한 음식이 필요했지만 시간이 없어서 종이에 꾸린 찬 밥 밖에 주지 못했고, 병원 직원과 그 아이는 일반 기차역으로 서둘러 떠나갔습니다. 그 직원은 그 아이가 떠나는 것을 본 다음에 본인의 저녁을 굶은 채 수요일 기도 회로 갔지요. 저는 그 아이가 오늘 한국어로 "사랑의 정원(애양원)"이라 불리는 집을 찾게 되고 그 곳에서 따뜻한 음식을 먹고 따뜻한 바닥에서 잠이 들기를 바랍니다.

그 아이는 이 곳으로 올 때 추운 길가에서 잠을 잤었지요. 대개 한센병을 앓는 걸인들은 다리 아래에서 잠을 자는데, 그 아이는 아직 그러한 세상에 대해 알지 못했고, 이 전에 분명히 걸인이었던 적이 없었던 것입니다. 그녀의 부모는 모두 죽었고 그녀가 어린 동생을 돌보았었는데, 사람들이 그녀의 병 때문에 그녀를 쫓아버렸습니다. 여러분이 보내주신 돈은 걸인이 될 뻔 했던 그녀를 구할 아주 적절한 시간에 도착한 것입니다. 날씨는 춥고 바람이 많이 불어서 그녀의 머리와 얼굴의 대부분을 파란 스카프로 감쌌었는데, 그것은 몇 년 전에 플로렌스가 제게 준 것이었어요. 저는 그 아이에게 장갑도 주었으니, 그 아이는 기차 안에서 맨 손을 가릴 수 있을 것입니다. 저는 그녀를 기차로 보낸 것이 미안했지만, 그것은 가능한 한 가장 빠른 방법으로 그녀를 보호구역으로 보내는 방법이었습니다. 윌슨 박사님은 한센병이 쉽게 전염되지 않는다고 우리를 안심시키긴 했어도, 만약의 경우를 위해서 저는 그녀를 만지지는 않았어요.

언니! 저는 언니의 딸들이 준비하는 언니와 윌 형부의 결혼 25

주년 기념파티가 궁금하고, 그 모든 계획이 멋지게 진행되기를 바라고 있어요. 언니에게 은으로 된 선물을 보내고 싶은데, 혹시 받는 선물의 가치보다 더 큰 액수를 언니가 지불할지 몰라서 걱정이 되요. 전에 제가 보낸 손수건 선물을 언니가 받지 못해서 유감스러워요. 다른 소포 몇 개를 나중에 보냈는데, 그것들은 제가 부친 것 가운데 제일 처음 거예요. 버지니아에게는 수건을 두 장 부쳤는데, 그것들을 커다란 봉투에 넣었다가 전에 몇 번 분실된 적이 있어서 그렇게 보내는 것을 그만 두어야겠어요.

마가렛! 제가 앨리스에게 보낸 큰 봉투를 그녀가 받았나요? 제가 누구에게 무엇을 보냈는지 기록해 놓아야겠지만, 만약에 일단 분실된 것은 분실된 것이니 결국 마찬가지이겠지요.

그리고 제가 좀더 사무적으로 보고서 같은 것을 보내지 않는다면 어떻게 제가 필요한 것들을 모두 지불할 수 있을런지 모르겠어요. 제가 무얼 보내면 좋을지 물었던 것은 나중에 필요한 경우에 보내기 위해 준비해두려던 생각이었는데, 크리스마스 때 침대보들을 받아 쓸 수 있도록 할부 판매처럼 나누어 보내는 대신 거의 모든 것을 보냈어요. 혹시라도 가격이 궁금하다면, 제가 중국에서 가져온 십자수 무늬가 있는 테이블보는 대략 50전에서 70전 정도입니다. 언니, 제가 보냈던 제일 예쁜 흰 냅킨들은 (플로라 보이스 양, 한국, 전주) 중국에서 가져온 것인데 75전이라고 믿어져요.

마가렛! 당신에게 제가 보내려고 하는 희고 예쁜 게 하나 있는데, 혹시 흰색이 더 필요하세요? 보이스양은 또한 플로렌스의 테이블보도 가지고 왔는데, 저는 감사의 표시로 그녀에게 낱개로 된

G.W. 커피통 혹은 작은 깡통(커피)을 보내는 게 어떠겠냐고 했어요. 저는 이미 그녀에게 선물로 콜드크림을 보내서 더 필요하지 않아요.

아이린! 만일 당신이 원한다면 감사 카드를 보내던지, 아니면 전에 제게 보냈던 작은 크기의 터키 수건을 보내면 아주 좋은 선물이 될 거에요. 저에게 보냈던 녹색과 라벤더색의 수건(아마도 벨크 백화점에서 샀을?)에는 제 이니셜이 그 위에 새겨져 있었잖아요. 그녀의 이니셜은 F.N.B.이고, 아니면 그녀가 아무 것도 기대하고 있지 않기 때문에 노트와 함께 미국 손수건을 보내주면 감사해할 거예요. 그녀는 여름 동안 잘 검토할 것이고, 전에 그녀는 이미 여러분 모두에게 물건들을 보내줬지요.

저에게는 크리스마스 때 이미 제가 여러분에게 준 만큼 보내왔기 때문에 수표를 보내시지 않아도 됩니다. 만약 누구든지 가격이 내린, 사이즈 18의 꽉 끼지 않고 넉넉하게 크고 따뜻한 모직 코트를 보게 되면 내 은행 구좌의 돈으로 사주시면 정말 좋겠어요. 마가렛이 먼저 입고 제가 내년 겨울에 입을 수 있도록 내년 크리스마스 전에 보내주세요. 아마도 모직 드레스들은 찾기 쉬울지 몰라요. 마가렛이 얇게 비치는 모직 드레스를 보고 있다고 말한 적이 있는데, 그것들은 이곳 추위에는 충분하게 따뜻하지 않을 테고, 내 비단 드레스들을 그 사이 계절에 입을 수 있어요. 비단 양말들은 언제나 올이 나가고 문제가 많기 때문에, 면으로 된 연갈색, 진회색, 혹은 연회색 양말들이 있으면 또한 큰 도움이 될 거에요.

언니! 헤이즐이 저의 렉스트론 큰 약병 – 윌슨 가족이 콜드 크림 등과 같이 가져왔던- 청구서를 보냈는지, 그리고 지불이 되었는지 알려주세요.

마가렛! 저는 동네 교회의 십자군 전도대에 관해 듣고 싶어요. 그리고 토핑 부인의 빈혈을 치료할 수 있는 길을 찾았다니 정말 다행이에요. 언니도 렉스트론 약을 복용해본 적 있나요? 겨울철에 감기나 독감을 예방하기 위해 도움이 될 제품이 있다면 큰 도움이 될 거예요. 렉스트론이 너무 비싸니까 토핑부인에게 효과가 있을 다른 제품이 필요하고, 레이니 박사님은 기꺼이 처방을 내려주실 거예요. 저는 초가을 후로는 피검사를 하지 않았어요. 제 의사가 저와 플로렌스 루트에게서 발견한 문제는 아메바 외에는 없다고 알려드리는 것을 잊고 있었습니다. (끝부분 없음)

광복 이후 선교 편지(1947-1949)

1947년 11월 21일

주소: 애나 매퀸

일반인 장로교 선교회

M.G. 101st Det. Hq APO 6 Unit 2

Care P.M. San Francisco, Calif.

사랑하는 친구들에게,

지난 7년을 미국에서 지내고, 나는 다시 한국의 광주로 돌아 왔습니다.[1] 어느 토요일 아침에 내슈빌로부터 전보가 왔는데 10월 9일에 메이슨 부대로 출석할 수 있는 지를 물었고, 다음 주 화요일에 나는 샌프란시스코로 향하였지요.

남부 장로교회에서 온 우리 일행 10명은 샌프란시스코의 스튜어트 호텔에서 한국으로 떠날 준비를 하였습니다. 비거 양, 크레

---

1 애나 매퀸(McQueen, Anna, 1883-1964)은 여전도회 회원들을 교육하다가 1940년에 강제로 추방된 뒤, 7년 뒤인 1947년 10월에 다시 광주에 부임하여 성경학교 재건에 힘썼다. 1948년 9월에 광주 이일학교를 복교하고, 한국전쟁이 일어난 뒤에 귀국하여 1951년 6월에 은퇴하였다.

인 양, 도슨 양, 폰테인 양, 루트 양, 프리챠드 양, 보이어 씨, 그리고 폴 크레인박사 부부와 나였지요.

한국에서의 살림살이를 다시 시작하기 위해 약간의 가구들과 식료품들을 사느라고 애쓰면서 무척 힘든 시간들이 지났습니다. 이미 우리는 성냥 한 박스처럼 하찮은 물건들도 이 나라에서는 구입하는 게 어려울 거라는 경고를 들었고, 나는 배 위에서 내가 가진 마지막 미국 돈으로 담배 라이터 구입에 투자했지만 아직 담배 피우기는 시작하지 않았습니다!

10월 9일, 메이슨 부대에서의 모든 절차가 끝나고 난 뒤에, '너는 이제 군대에 소속되었다'는 생각이 가끔 떠올랐어요. 내가 이제부터는 나 자신을 위한 생각들은 멈추고 마음을 편하게 한 채로 그저 줄을 잘 따라가고 시키는 것들을 잘하면 되는 것처럼 생각되었지요.

우리는 군용수송기 편으로 편안하게 여행을 했습니다. 10월 11일에 출항을 해서 10월 22일에 요코하마에 도착했어요. 미국에서 온 흑인 밴드가 부두에서 우리를 환영해주더니, 우리 배가 10월 25일에 한국을 향해 떠날 때에도 또한 배웅해주었지요.

우리 가운데 어떤 이들은 목요일에 도쿄로 가기 위해 증기선을 타고 떠날 때 아주 기뻐했어요. 동맹국 직원용이라고 적힌 군용 버스나 기차에 요금도 내지 않고 올라탈 때는 기분이 좀 이상했지요.

금요일에 우리는 도쿄에서 100명도 넘는 미군들과 많은 부양가족들과 함께 관광을 했습니다. 우리는 군용버스로 여행을 했지요. 날씨는 아름다운 가을 날씨였어요. 메이지 미술 갤러리 근처의 잔디밭에서 배에서 우리를 위해 마련해준 소풍용 점심을 먹었는데 참 맛있었습니다.

많은 곳에서 눈에 띄는 끔찍스런 전후의 파괴된 모습은 누가 봐도 명백했어요. 또한 일본인들이 그들의 의욕적인 모습으로 얼마나 잘 회복되고 있는지 또한 분명했지요.

우리가 탄 증기선은 10월 28일, 이른 화요일 아침에 한국의 인천(혹은 제물포)로 들어갔습니다. 더 많은 절차가 시작되었지요. 우리는 사진을 찍고, 지문을 만들고 또 다시 백신주사를 맞기 위해 몇 시간씩 줄을 서서 기다렸어요.

드디어 오후 3시쯤에 사다리를 타고 내려가서 수송선 안으로 들어가게 되었지요. 순서는 다음과 같습니다.

첫째는 무거운 짐짝을 든 444명의 군 직원들.

둘째는 96명의 어린이들을 포함한 173명의 부양가족들.

셋째는 17명의 선교사들. 몇몇 젊은 미군들에게 한 어린 아기를 데리고 나가는 임무가 주어졌는데, 그들이 어린 아기 비위를 맞추려 애쓰는 모습을 보는 게 재미있었습니다.

우리가 해안가에 가까워졌을 때 한 직원이 첫 번째가 선교사들이라고 발표했지요. 수송선의 앞부분이 접히면서 출입구 모양을 만들었고, 우리는 첫 번째로 걸어 나와서 한국의 흙을 밟았어요! 흑인들로 구성된 밴드(한국에서 보기는 처음)가 우리를 환영해 주었습니다.

그 곳에 있던 아빠들은 전에 한 번도 만나본 적이 없는 자신들의 아기들을 기다리고 있었고, 한 소령은 그의 멋진 아들 쌍둥이 형제를 아직까지 본 적이 없었다고 했습니다. 우리는 거기서 우리를 만나기 위해 나온 린턴[2]씨를 보고 반가웠어요. 그와 한 미군 운전사가

녹음 속의 수피아홀

미군 버스로 25마일 떨어진 서울까지 우리를 바래다주었습니다.

우리들의 숙소는 러시아 부속건물 1번으로 지정되었어요. 거기,
미국 공사관 근처에서 우리는 우리 여덟 명의 여자들을 재워주기에
충분한 군용 간이침대들이 있는 반원형 막사를 발견했습니다. 그
다음 이틀 동안은 국회의사당과 영사관에 전화하는 일들을 포함한
더 많은 절차들이 계속되었지요.

메리 도슨, 플로렌스 루트, 그리고 나는 10월 31일 금요일 아침
10시에 서울을 떠나서 300 마일 가량을 이동하여 그 날 밤 10시
경에 광주에 도착했습니다. 지금 우리는 수피아 학교[3]의 과학관에

---

2 린턴 선교사도 추방당했지만, 1945년 일본이 항복한 뒤에 미국 남장로교 해외선교
   본부는 한국에 돌아가서 선교를 준비할 선발대로 조사위원회를 구성했으며, 린턴이
   위원장을 맡았다. 샌프란시스코에서 배를 타고 떠나 한 달 만인 1946년 7월 1일
   인천에 입항했으며, 미군정(美軍政) 전남지사 피케(Peeke) 대령과 협의하여 앞으로
   선교 현장에 계속 복귀할 선교사들의 주택, 식량, 교통 등을 꼼꼼하게 준비하였다.
3 매퀸은 1911년 9월 1일에 수피아 여학교의 제2대 교장으로 부임하여, 1924년 8월

있는 집에서 지내고 있어요.

탈마지 씨 가족은 우리 옆 아파트에 머물렀는데, 우리들에게 협동적인 가사를 하는 특권을 허락해 주었습니다. 몇 개월 기다린 끝에 낙스 박사 부부는 그들이 이전에 소유했던 집을 다시 갖게 되었지요. 다른 여덟 개의 선교 주거지는 군 직원들이 차지하고 있었어요. 우리는 봄에는 그 가운데 한 건물이 우리에게 양도되기를 바라면서 기도하고 있습니다.

이일 성경학교 건물은 이제 미국 적십자사 직원들이 사용하는 중입니다. 바로 옆에는 윈즈보로우 홀[4]이 있는데, 300명가량의 여학생들이 오가는 것을 보는 게 참 즐겁습니다. 그들에게 백목사[5]님 같은 훌륭한 교장이 있어서 우린 무척 기쁩니다.

현재 이 과학관 아래층의 두 방은 한국인이 후원하는 여자 성경학교의 두 학년이 사용 중입니다. 오늘 아침, 얼음이 꽁꽁 어는 추위에 난방도 되지 않은 교실에서 1학년을 가르칠 때 여학생들이 추워하며 떠는 것을 보고 나는 내가 입은 여러 겹 따뜻한 옷들이 부끄러워졌습니다. 내가 전에 입던 것이라도 상관없으니, 두 학년의 21명의 학생들에게 나눠줄 수 있도록 나에게 스웨터가 많

30일까지 재직하였다. 스턴스 여사가 동생 제니 수피아를 기념하기 위해 5천불을 기부하여 3층으로 지은 회색 건물이 그해 가을에 준공되어 수피아 홀이라고 이름지었으며, 학교 이름도 수피아 여학교(Jennie Speer Memorial School for Girls)라고 정하였다.

4 미국 남장로교 여전도회에서 모금하여 보내준 5만 불로 1927년 11월 30일에 준공한 붉은 벽돌 건물인데, 현재 수피아 여자중학교 본관으로 사용하고 있다.

5 제7대 교장인 백영흠 목사를 가리킨다. 1947년 6월 13일 부임하여, 1948년 10월 13일까지 재직하였다.

다면 얼마나 좋을까요.

　우리는 시내와 피난민 수용소에서 개인적으로 일을 했고, 주일에는 가까운 시골의 교회에서 일을 했습니다. 하지만 우리들은 대부분의 시간에 한국인 친구들을 맞이하며 지내게 되었지요. 그들은 쉬지 않고 아침, 대낮, 그리고 밤중에도 계속해서 찾아 왔습니다. 그들의 진심에서 우러나는 환대는 감격스러웠는데, 그들이 가져오는 계란, 맛있는 사과, 커다란 감 등은 그들의 진심에서 우러난 제물을 의미하지요.

　수피아 학교의 동창회에서는 선교부의 다섯 여인들을 위해 오후의 차를 대접했습니다. 나는 답례로 '많은 수피아 여학생들에 관한 좋은 소식들로 인해 참으로 기쁘고 하나님을 찬양한다'고 말했어요. 한국에 있는 나의 친구들의 소식을 7년 동안 기다린 뒤라서, 광주에서 온 몇 사람들을 서울에서 만났을 때 나는 서울에 살고 있는 수피아 졸업생들이 염려되어서 열심히 안부를 묻기 시작했지요. 그 소식들은 아래와 같습니다:

　　애순이(첫 번 졸업생) : 서울, 전도부인
　　매리(혹은 마르다) : 사회복지 관련 일
　　인숙(혹은 보디아) : 그녀 부부가 박해를 피해 피난했던 만주에서
　　　돌아온 뒤 서울에 거주. 그녀의 남편은 이곳에서 목사임.
　　현정이 : N.P. 여학교의 교사
　　복순 : 특별한 내 제자, 공중위생국 내에 있는 사무실에서 일하며
　　　다섯 개의 정부 병원의 간호 인력을 감독하고 있음. 그녀가 간

호원이라서 나는 특별히 복순 혹은 pleasant blessing을 염려했지만, 전쟁 중에 그녀는 지혜롭게 잘 피신하고 있었음.

선교사들의 부흥을 위하여, 한국인 목사님들의 부흥을 위하여, 한국인들의 교회를 위하여, 그리고 현재 공산주의 정부 아래에 있는 한국의 통일을 위하여 우리가 날마다 가지는 기도 시간의 탄원에 협력해주지 않으시겠어요?

이 편지를 개인의 편지이자 크리스마스 편지로 받아주기를 바랍니다. 여러분 가운데 몇 명이 샌프란시스코와 한국으로 보내준 편지에 진심으로 감사드립니다.

크리스마스와 새해에 복 많이 받으시기를.

애나 매퀸

추신. 한국인들을 위한 구호물자 소포와 선물은 선교사들 이름, 광주, 한국, 전라남도로 주소를 적어 정규 우편물로 보낼 수 있습니다. A.P.O.[6] 주소는 미국인 직원들에게만 제한되어 쓰이고 있지요.

내슈빌, 테네시, 1947년 12월에 받음
(주소는 이 편지 머리 위에 있음)

---

6 Army Post Office(미군 우체국)의 약자이다.

1948년 4월 28일

우체국장 책임, 샌프란시스코, 캘리포니아

애나 매퀸
민간인 장로교 선교회
APO 6 Unit 2

사랑하는 친구들에게,

어제 이곳엔 서리가 내렸지만 오랜 기다림 끝에 드디어 봄이 왔어요. 골짜기 건너 저 쪽의 보리밭은 푸르고 정말 예쁩니다. 언덕의 중턱에는 난초 색깔의 진달래들이 한가득 피고 있지요.

이번 주 우리 식당에는 아름다운 겹벚꽃 종류의 꽃들이 한 가득 피었습니다. 우리 요리사 꿈애비(Koom-yae-bee)의 딸은 우리 식탁에 꽃이 있으면 우리들이 밥을 잘 먹을 수 있을 거라고 자기 친구에게 확실하게 말을 해 놨지요!

나는 복숭아와 배 과수원 구경하는 걸 좋아하는데, 거기엔 고광나무 울타리가 둘려 있었고 모두 꽃들이 활짝 피어 있습니다. 봄철의 한국은 정말 아름다워요!

나는 최근에 시골의 한 교회를 주말에 방문하고 돌아왔습니다. 우리 가운데 몇 명은 미군이 사용하다 버리고 간 다 낡아빠진 지프차를 사용하는데, 이제는 직진 기어가 아예 없지요. 폭우가 내린 뒤라 길은 보통 때보다 훨씬 험해서 한국인 운전사와 나는 이

지프차(그리고 우리들)에게 무슨 일이 일어나지 않을까 염려했지만, 그래도 여행을 무사히 마무리했습니다.

그 곳의 집사님 댁에 도착한 다음에 두 평이 채 안 되는 크기의 빈 방(8ft × 8ft)에 내 여행가방, 음식이 담긴 상자, 이불과 간이침대가 담긴 더플백들을 맡겼지요. 그리고 정여인(엘라 그레이엄[1]에게 훈련받은 전도부인)과 나는 1마일 정도 되는 언덕 위의 마을로 몇몇의 인도자들과 함께 떠났습니다. 우리는 토요일 저녁 예배시간에 그 동네 여신도들이 다른 사람들을 데리고 오도록 초청을 했지요.

그 작은 시골 예배당의 주일 저녁예배 시간에 교회 안이 가득 찬 것을 볼 때 감회가 새로웠습니다. 예배를 위해 바닥에 서로 바짝 붙어 앉음으로 더 많은 사람들이 꽉 채워져 다 앉을 수 있었지요. 특별 집회 때에는 더 많은 사람들을 안에 들어오게 하려고 긴 의자들을 떼어서 내보내기도 했습니다. 거의 100여명의 어린이들이 강대상 앞 가까이에 앉아서 그 집사님이 예배를 이끌기 전에 내가 들려주는 성경 이야기를 아주 주의 깊게 들었지요.

그 다음 날, 집에 돌아오면서 우리는 성경학교에 들여보낼 18세 된 소녀를 데리고 왔는데, 그 소녀는 쌀 한 자루를, 그리고 나는

---

[1] 엘라 그레이엄(Graham Ella Ibernia, 1889~1930) 선교사는 노스캐롤라이주립대학교(University of North Carolina at Greensboro)를 졸업하고 1907년 목포에 도착하여 광주에 교회를 세웠으며, 한국어를 가르치는 교사가 엄언라라는 한국식 이름을 지어 주었다. 1908년에 유진 벨 선교사가 세운 여학교(뒷날의 수피아 여학교)의 초대 교장으로 취임하였다. 1913년 목포에서 수술한 뒤에 건강이 급격히 악화되자 미국으로 돌아가 요양하였다. 결국 고치지 못할 것을 알게 되자 한국 땅에 묻히기 위해 1930년 광주로 돌아왔고, 양림동 선교사 묘지(현 호남신학대학 묘지동산)에 묻혔다.

계란 20개 아니면 한국 사람들이 말하듯 선물용 계란 두 줄을 가지고 왔어요.

한국 사람들은 계속해서 우리들 가운데 한 사람 아니면 또 다른 사람에게 계란을 선물로 주었습니다. 지난 10월에 도착한 다음 우리는 한 번 혹은 두 번 밖에 계란을 산 적이 없지요.

미국서 온 편지들을 통해 나는 전쟁이 일어날지 모른다는 소문을 들었습니다. 이곳에서 우리는 세상의 다른 곳에서 무슨 일들이 어떻게 일어나고 있는지 거의 모른 채 날마다 일하면서 지내고 있지요.

가끔은 탈마지 부인이 우리에게 미국의 라디오를 통해 들은, 한국에서 일어나고 있는 일들에 대한 뉴스를 전해 주었습니다. 하지만 우리의 이웃, 소련(소비에트연방)은 자주 미국 방송시간에 아주 심하게 전파를 방해하곤 했어요.

5월 9일은 미군정[2]이 한국 내에서의 선거일로 처음 정한 날이었습니다. 한국 교인들은 그 선거가 주일날에 실시되지 않기를 아주 진실하게 기도 드렸고, 수천 명의 사람들이 하지 장군과 연합군에게 날짜를 변경해 줄 것을 요청했지요. 최근에 그 날짜가 5월 10일[3]로 바뀌었는데 일식[4]이었고, 날짜가 변경된 이유는 한국인들의

---

2 원문에는 'U.N.(?)'으로 되어 있다.

3 1948년 5월 10일은 월요일이다.

4 원문 'eclipse'는 '식(蝕)'으로 번역되는데, 천문학에서 한 천체가 다른 천체를 가리거나 그 그림자에 들어가는 현상을 말한다. 이 용어는 일반적으로 월식이나 일식 등으로 사용된다. 1948년 5월 9일에 달이 지구와 태양 사이를 지나면서 태양을 다 가리지 못하고 태양의 가장자리가 고리 모양으로 보이는 금환일식 현상이 일어났

요청 때문이었다고 발표되었습니다.

지난 편지에서 나는 비공산당 정부 아래 한국의 통일이 이루어지도록 기도를 요청했었지요. '비(non)'라고 쓰려던 게 타이핑의 오타로 '지금(now)'이 되었더군요.

지금 남한에는 공산당들이 있기는 하지만, 그들은 아주 소수입니다. 지난 주에 한국인 지도자는 많은 사람들이 진짜 공산주의가 어떤 건지를 모른다고 말했습니다. 나는 곧 이 나라 전체에 평화와 질서가 돌아오길 바라고 있어요.

정규 성경과목 외에 탈마지 부인과 나는 성경학교 학생들에게 주일학교 사역을 위한 훈련을 해 왔습니다. 우리는 세 곳의 마을에 기지를 만들도록 그들을 도왔고, 우리는 곧 다른 곳에서 시작하게 되기를 원하고 있어요.

우리는 이 계절에는 특별히 더 많은 준비가 필요하지 않습니다. 우선 우리에게 기꺼이 자기들의 마당을 쓰도록 내어줄 가정을 찾고, 그리고는 그 위에 아이들이 앉을 수 있는 짚으로 만든, 곡식 말릴 때에 쓰는 커다란 멍석을 가지고 있는지 물어 보지요.

물론 교사는 성경과 찬송가를 가지고 있는데, 이따금 그녀들은 성경 내용을 묘사하기 위해 내 성경 그림들을 사용하기도 합니다. 나는 제법 많은 그림들을 리치몬드 사무실이나 출판위원회를 통해 확보해 놓았지만, 우리가 여러 학교들과 교실들에 공급하려면 더 많은 그림들이 필요합니다.

다. 9일이 일요일이어서 10일로 연기하자는 의견이 많기도 했지만, 일식 때문에 선거를 하루 연기하자는 의견도 있어서 결국 10일로 결정되었다.

전에 여러분 가운데 몇 사람이 우리 사역을 직접적으로 도울 수 있는 방법을 물어 보았지요. 만약 아직 사용하지 않은, 기초반이나 초등반에 쌓여 있는 그림들이 있으면 우리에게 좀 보내서 이방인 주일학교에서 가르칠 수 있도록 도와주지 않으시겠습니까?

이 그림들이 어린이들, 그리고 어른들에게 얼마나 많은 의미를 주는지 정말 대단합니다. 나는 한 소년이 선생님에게 "그림들 좀 가져 왔어요?"라고 묻는 걸 들었는데, 가져왔다는 긍정적인 대답을 듣고 나서 그 아이는 교회에 출석하기로 결정을 했습니다. 여인들도 내가 성경시간에 사자 굴속의 다니엘을 가르치며 사용했던 융판 그림들에 엄청 큰 흥미를 보였지요.

어떤 종류의 신앙적인 행사에도 사람들이 곧잘 많이들 참석을 했습니다. 우리가 집집마다 방문을 할 때에 반응을 보이는 영혼들을 찾는 것도 쉬웠지요. 사람들은 복음이 주는 메시지를 받을 준비가 되어 있습니다. 우리와 한국의 기독교인들이 더 원대한 일을 할 기회를 맞을 이 시간에 우리의 역할을 감당케 하시길 간구하며.

여러분의 친구, 동역자
애나 매퀸

내슈빌, 테네시, 1948년 5월에 받음
주소: 첫 번째 편지에 쓰여 있음. 항공우표 5센트

1948년 11월 26일

광주, 양림, 전라남도
한국, 아시아

사랑하는 친구들에게,

오늘 오후에 나는 우체국에 갔는데 군사 우체국이 문을 닫은
이후로 가장 많은 양의 미국에서 온 우편물을 받아들고 오면서
무척 기뻤습니다. 한 편지는 12일 만에 왔지요. 그것은 접는 항공
편지인데 미국 우체국에서 구할 수 있고, 우송료는 10센트였습니
다. 보통 편지의 항공우편 요금은 0.5온스 당 25전이지요. 맞아요.
비용이 들지만 미국에서 부쳐오는 우편물을 받는 건 우리를 여전
히 신나게 한답니다.

아마도 여러분들은 라디오와 신문을 통해서 여기서 97킬로미
터(60 마일) 떨어진 순천에서 반란[1]이 일어났다는 사실을 우리보다
먼저 들어서 알고 있을 겁니다. 이번 일로 양방향 라디오를 가지
게 되면 참 좋겠다는 사실을 알게 되었지요. 우리 선교기지들 사

---

[1] 역사에서는 여순사건(麗順事件)이라고도 하는데, 1948년 10월 19일 전라남도 여수·
   순천 지역에서 일어난 국방경비대 제14연대 소속 군인들의 반란과 여기에 호응한
   좌익계열 시민들의 봉기가 유혈 진압된 사건을 가리킨다. 1948년 10월 19일 여수에
   주둔하고 있던 국방경비대 제14연대 소속 군인들이 반란을 일으키며 전라남도 동부
   6개 군을 점거하였다. 이에 위기감을 느낀 정부는 대규모 진압군을 파견하여 일주일
   여 만에 전 지역을 수복하였으나, 그 과정에서 상당한 인명·재산피해가 발생하였다.
   그리고 이 사건을 계기로 정부에서는 「국가보안법」 제정과 강력한 숙군 조치를
   단행하게 되었다. 『한국민족문화대백과사전』

이의 연락 상태는 아주 형편없습니다. 이번 가을에 우리는 선교기지 한 곳에서 다른 곳으로 중요한 소식을 전할 때에 특별한 심부름꾼을 보내곤 했습니다.

물론 국군과 미군 고문들은 순천과 여수의 공산당들의 반란에 대한 정보를 가지고 있었고, 그들이 도착한 후에 질서는 회복되었습니다. 몇몇 고문들과 미국인 기자들은 선교사들의 집에서 투숙했지요.

이제 보이어 씨와 요리사 폴은 미군들의 식당을 관리하는 전문가가 거의 다 되었습니다. 보이어 씨는 여러(한센 환자촌?) 기지의 일들을 돌보기도 했는데, 그는 1,000명쯤 되는 R.M. 윌슨(Wilson) 한센인 마을[2]의 관리자이기도 했지요. 나는 전에 그가 '한센인들의 환부를 묶을 것, 하다못해 붕대용 낡은 천 조각이라도 예년만큼 계속 공급되었으면 좋겠다'고 하는 말을 들었습니다.

군부에서는 비가 양, 크레인 양 그리고 밀러 양에게 미국기를 달도록 충고했습니다. 미국에서 온 소포 안에 닭 사료 부대가 있었는데, 붉은 바탕 색에 다른 색이 있긴 했지만 붉은 띠로 사용할 수 있었지요. 단 30분 만에 그들은 베찌[3]라고 부를 수 있는 국기를

---

2 1909년 4월, 목포에서 일하던 의사 포사이드(W. H. Forsythe)가 여행 중에 영산포에서 만난 한센 여인을 자신의 말에 태우고 광주로 데려와 돌봐주었다. 포사이드와 광주 제중원의 원장인 로버트 윌슨(R. M. Wilson(1880~1963), 한국명 우월순)이 그녀가 세상을 떠날 때까지 치료하자, 광주 지방 선교사들이 기금을 모아 방 세 개짜리 오두막집을 세웠고, 한센 환자들을 수용하기 시작했다. 날마다 전국에서 환자들이 몰려들게 되자 선교사들이 인도의 나병협회와 스코틀랜드 나환자협회 극동지부에 도움을 요청했으며, 윌슨은 1913년에 한센인을 위한 숙소와 병원을 세웠다. 이 한국 최초의 광주 나병원은 1936년에 명칭을 여수 애양원으로 바꾸었다.

3 베찌는 베찌 로스기(Betsy Ross Flag)의 약칭이다. 정확한 역사적 근거가 부족한 채로 로스의 후손들에게 아래와 같이 구전으로 전해진다. 재단사 로스의 사촌이

얻을 수 있었습니다. 순천에 있는 우리 선교사들에게는 견디기 어렵고 불안한 날들이었지요.

고비가 지나간 후에 그 지역에서 한동안 벗어나는 게 좋다고 여겨졌습니다. 크레인 씨네는 전주로 갔고, 비가 양과 밀러 양은 우리 집으로 왔습니다. 그리고 그들은 그들의 집에서 숙식을 하던 여러 명의 미군 장교들의 극진한 호위를 받으며 순천으로 돌아갔습니다.

전라남도의 새 도지사는 목포의 이남규[4] 목사님입니다. 그는 요새 공산주의자들을 진압하고 더 이상의 반란이 일어나지 않도록 아주 열심히 일하고 있지요.

그는 며칠 전에 극장에서 대규모의 여성 집회를 이끌었었습니다. 기독교인들은 그와 또 다른 연설자가 성경을 그들의 연설 안에 인용하는 것을 보며 아주 기뻐했지요. 미국식 스타일이 이 한국에 도달했고, 도지사는 "여성 여러분들이 머리를 볶고(한국 사람

조지 워싱턴 대통령의 지인이었는데, 1776년 당시 독립군 총사령관이었던 워싱턴이 로스를 찾아와 각각 13개의 붉고 하얀 줄과 13개의 별 모양이 담긴 국기의 디자인을 보이면서 초기의 미국 국기의 제작을 맡겼다고 한다. 13개의 식민지를 나타내는 별 13개가 원형으로 그려진 특징이 있다.

4 이남규(李南圭, 1901-1976)는 해방 이후 한국기독교연합회 회장을 역임한 목사이자 정치인이다. 전라남도 무안 출생. 1936년에 평양신학교를 입학하여 이듬해 졸업하고, 그해 4월 한국기독교장로회의 목사가 되었다. 광복 후 남조선과도정부 입법의원 민선의원으로 활동하였으며, 제헌의회 선거 때에는 독립촉성국민회(獨立促成國民會) 소속으로 목포에서 당선되었으나, 곧 이어 10월부터 이듬해 4월까지 전라남도 도지사로 일하였다. 1959년에는 한국기독교연합회의 회장으로 선출되었다. 1960년 민주당의 추천으로 초대 참의원 선거에 출마하여 전라남도에서 당선되었다. 1962년부터는 목포 영흥중고등학교 교장으로 취임, 후진을 양성하였다.『한국민족문화대백과사전』

들 말로는 파마) 입술을 빨갛게 칠하는 것을 자유라고 부른다" 하였고, 그들은 여성들이 모세의 어머니의 본을 받아 자녀들을 지도자로 키울 것을 강조했습니다. 그 도지사는 주일 아침에 양림교회에서 설교를 했지요.

아침 5시, 새벽기도 시간 전에 교회 종소리를 들었습니다. 여러분이나 나 같으면 이 추운 아침에 싸늘한 교회에 기도하러 가지 않겠지요. 하지만 우리는 이 교인들이 한국과 한국의 커다란 부흥을 위해 기도하는 것을 도울 수 있습니다. 예수님만이 한국을 돕는 해결책입니다.

플로렌스 루트는 지교회에서 멋진 성경교실을 열었습니다. 그녀는 길고도 바쁜 봉사와 개인 사역의 일과를 하루가 시작되기 전 이른 새벽 기도를 이끄는 것으로 시작하지요. 그녀는 오늘 시골에서 집에 돌아왔는데, 오자마자 수피아 학교 문제를 해결하기 위해 일을 시작했습니다. 최근에 그녀는 교장 역할을 해줄[5] 것을 설득당하고 있지만, 적당한 한국인 교장이 곧 그 자리를 맡아주기를 바라고 있지요. 그녀와 낙스 박사님은 수피아 학교의 재단 이사장들로 봉사하고 있습니다.

9월에 메리 도슨 양과 나는 성경학교 내에 우리가 '이일 부서'라고 부를 새로운 부서를 시작했는데, 그것은 우리가 로이스 닐

---

5 플로렌스 루트(Florence E. Root, 1893-1996)의 한국식 이름은 유화례인데, 1933년 4월 1일부터 1937년 9월 6일에 일제가 강요하는 신사 참배를 거부하고 폐교할 때까지 제5대 교장으로 봉직하였고, 이 편지를 쓰던 1948년 10월 14일에 제8대 교장으로 다시 취임하였다.

성경학교(이일성경학교) 건물에서 가르치기 때문입니다. 한국인 보조를 받으면서 우리는 준비반과 특별반을 가르치고 있지요.

나이가 많은 여성들로 이루어진 특별반은 교회의 유급 직원으로 나가기 위한 준비과정으로, 보통보다 짧지만 강도가 높은 교육과정을 받고 있습니다. 오후에는 성경학교의 학생들이 가르치는 40명 정도의 초등과정 여자아이들의 수업이 있지요.

목요일 오후에는 성경학교의 이승예가 중국학교에서 성경시간을 이끌고 있습니다. 모든 어린이들은 한국어를 이해합니다. 어떤 아이들은 한국인 어머니와 중국인 아버지 사이에서 태어났지요. 우리는 이제 우리 세 집 가운데 한 곳에서 영어 예배를 드릴 수 있기 때문에 중국인들에게 임시로 우리 예배당을 그들의 학교로 쓰도록 허락했습니다.

지난 주 목요일에 승예는 내가 융판그림으로 내용을 묘사하는 동안 5천 명을 먹이신 이야기를 들려주었어요. 우리가 떠나려고 할 때에 어떤 나이가 좀 든 여자아이가 나에게 "우리 가운데 몇몇 여자아이들이 예수님을 믿고 싶어해요."라고 말했습니다.

성경학교의 소녀들과 여인들은 여섯 개 주변 마을의 임시 주일학교에서 가르치고 있는데, 하나는 중심부에서, 그리고 둘은 시의 재생지구에서 하고 있습니다. 재생(再生)은 전쟁 이후에 일본과 만주로부터 온 포로들이나 추방된 사람들이 모인 구역의 이름이지요. 그 곳에 건물을 확보해서 전도사를 보내어 설교 집회를 시작할 수 있으면 좋겠습니다.

내가 감독하기를 즐기는 전도부인 진씨는 그녀의 재생 지구의

야외 주일학교에 100명이 출석했다고 보고했습니다. 지난 주일에 성경학교의 소년 하나가 그녀를 돕기 시작했지요. 그녀는 대부분의 시간에 집집마다 방문하며 전도하는데, 주일학교가 있는 마을 안에서도 사역합니다. 그녀는 자주 내게 보고를 하는데, 그녀의 열심과 의욕과 성공은 언제나 감동적이지요. 새 신자들의 반은 교회 근처에 있는 수위의 집에서 시작되었기 때문에 그녀와 다른 사람들이 데려온 새 신자들은 특별한 훈련을 받을 수 있었습니다.

다행스럽게도 내가 김영신을 선교 전도부인으로 고용했을 때, 나는 부수적으로 그녀 남편의 도움도 받을 수 있게 되었습니다. 그는 전에 L.O.맥커첸[6] 목사님께 전도인으로 훈련을 받았었지요. 최근에 나는 내게 구호품으로 온 양복 한 벌을 그에게 주게 되어 기뻤습니다. 겨울 양복이 아니라 미안했지만, 그가 입던 흰색 면 양복보다는 훨씬 나아보였거든요.

지난 주일에 그는 이곳에서 32km(20마일) 떨어진 곳에 있는 화순 광산[7]에서 설교를 했습니다. 몇 주 전 주일에는 낙스 박사 가족과 동복 교회에 갔는데, 나는 광산에 도착하고 나서 그들의 차에서 내려 그 곳의 신자들이 모인 곳에 세 번째 방문을 했습니다.

---

6 맥커첸(L. O. McCutchen, 1875-1960) 선교사의 한국식 이름은 마로덕(馬路德)이다. 사우스캐롤라이나주 출신으로, 버지니아 유니온 신학교와 컬럼비아 신학교를 졸업했다. 1902년 한국에 와서 처음 목포에 잠깐 있었으며, 전주를 중심으로 한 전라북도에서 사역하였다. 1941년까지 39년간 한국에서 사역하다 귀국하였다.

7 화순에 매장된 질 좋은 석탄이 1905년에 발견되었으며, 지금도 국영인 대한석탄공사 화순광업소와 민영인 호남탄좌 능성광업소, 호남탄좌 태백광업소, 호남광업소, 화복탄광, 강성탄광 삼덕광업소 전성탄광, 광진탄광, 이양탄광의 10개 탄광에서 무연탄을 생산하고 있다.

나는 언덕으로 난 좁은 골목길로 걸어가서 예배를 드렸던 교인들의 집에 갔습니다. 마치 내가 피리 부는 사람인 것처럼 아이들이 여기저기에서 나와 내 뒤를 따랐지요. 너무도 쉽게 50여 명의 어린이들을 모으는 방법이었습니다. 마당에 많이 서 있기도 하고 더러는 좁은 현관에 앉아 있는 동안, 우리는 「예수 사랑하심은」 찬송을 부르기 시작하면서 주일학교를 시작했습니다.

나중에 나는 광산의 대리를 만났는데, 그는 '교회의 예배를 위해 그곳의 학교 건물을 사용할 수 있다'고 약속해 주었습니다. 주변의 마을 사람들 이외에 탄광의 인부들 수가 꽤 많았습니다. 우리는 이번 주에 그 곳으로 김씨 부부의 이사를 진행하고 있습니다. 교회를 설립하는 너무도 멋진 기회가 그들을 기다리고 있답니다!

내가 특별히 흥미있어 하는 일의 이러한 단계들에 대해 말했으니, 여러분들도 기도의 동역자로서 함께 나눌 수 있겠지요. 여러분 가운데 몇 명은 성경 그림을 보내준 것으로 이미 협조를 하고 있잖습니까.

새로 들어온 몇 명을 제외한 우리 학생들은 이제 지원 단체에서 보내온 스웨터와 재킷으로 따뜻하게 갖추어 입게 되었습니다. 이렇게 추운 아침이면 그녀들은 이 따뜻하고 편안한 선물들이 얼마나 좋은지 감사한다는 표현을 하고 또 합니다.

우리는 또한 세계기독교봉사회(Church World Service)를 통해 들어온 구호물자를 나누어 주면서 기뻤습니다. 북한에서 온 목사님들과 그들의 가족들에게 따뜻한 옷과 몇 장의 담요는 아주 큰 도움이 되었지요. 그들은 미국인 지역 혹은 미국인의 영향이 닿는 지역까지 들어오도록 밤새 걷고 산을 통해 어려운 탈출을 하면서, 그들이 누렸던 세상에서의 모든 소유를 포기해야만 했지요.

이 편지를 하루 종일 쓰는 동안 방해를 많이 받았습니다. 어제는 감사절이었어요. 나는 이 편지가 산타 할아버지의 비행기에 닿아서 나의 진심에서 보내는 크리스마스와 새해의 축하 인사를 실어다 주기를 바라고 있습니다. 이 새해가 한국, 미국 그리고 온 지구의 모든 사람들에게 평화와 친선관계를 가져다주기를.

여러분들의 친구

애나 매퀸

내슈빌, 테네시, 1948년 12월 10일 받음

주소: 애나 매퀸, 광주, 양님, 전라남도, 한국, 아시아

우편요금: 편지 0.5온스 25센트, 접는 항공 우편 우체국에서 10센트

1949년 9월 28일

주소: 애나 매퀸
광주, 전라남도, 한국, 아시아

우편요금: 편지 5센트, 엽서 3센트 (일반 우편)
항공 우편: 0.5온스 편지 25센트
접는 항공우편 우체국에서 10센트

사랑하는 친구들에게,

여러분 가운데 몇 명이 보내준 생일카드들에 대해 정말 감사드립니다. 개인적으로 편지하지 않고 이렇게 한꺼번에 고맙다고 말하는 것을 양해해주기 바랍니다. 스코틀랜드 생일 카드 문구에 "이것을 다 읽었으면 돌려주기 바란다. 다른 친구들이 있거든."이라고 쓴 것을 본 적이 있는지요?

나도 스코틀랜드 사람입니다! 여러분들이 보낸 예쁜 카드들의 글귀를 잘라내고 나서 다른 선교사 친구들의 생일날에 줄 계획을 하고 있고, 또 더러는 환하고 예쁜 그림을 좋아하는 한국 주일학교 어린이들에게도 주려고 합니다. 많은 것이 부족한 이 나라에서 어떻게 아무 거라도 낭비하겠어요?

이일 성경학교는 두 달간의 방학이 끝나고 9월 1일에 문을 열었어요. 이번 달에 우리는 식사담당 부서를 시작하려는데, 기숙사 건물 없이 해보려고 애쓰고 있습니다. 우리는 내년에 형편이 더 좋아져서 1947년에 여성 지원 단체에서 생일선물로 준 돈으로 기숙사를 설립하게 되기를 바라고 있지요.

우리 학생들 가운데 더러는 진흙과 돌로 된 바닥 위에 기름종이 같은 리놀리움을 깐 곳에서 잠을 자고 있습니다. 모두가 한국식을 따른다고 생각하는데, 베개로는 나무토막을 사용하지요. 한국의 난방은 바깥에서 불을 피우는데, 방바닥 아래에 있는 관을 통해 덥혀집니다. 그런데 꽤 많은 한국 사람들은 연료가 귀하고 비싸기 때문에 차갑고 축축한 바닥에서 잠을 잔답니다. 난방 시설의 부족과 영양이 결핍된 음식이 이 나라의 상당히 놀랄만한 결핵 비율의 원인이라는 것은 의심할 필요가 없습니다.

우리는 교실이 있는 건물의 방 세 개를 반 미국식 침실로 개조했어요. 아마 여러분들은 우리가 이런 식으로 임시로 적당히 만든 침대들을 잘 이해하지 못할 테지요. 어쩌면 나의 로우랜드 친구들은 자기들이 보내준 닭 사료 포대가 크레이지 퀼트[1]처럼 우리 침대덮개로 쓰이고 있는 걸 알아볼지도 모릅니다. 그것들은 창문의 커튼으로도 사용되고 있어요. 잘 어울리지 않는다고 볼 수 있지만 환한 효과를 주고 있지요!

미군들이 떠날 때에 약간의 군용 담요와 이불을 우리에게 주고 갔습니다. 만약 그것들로 우리 학생들이 집에서 가져올 수 있는

---

1 퀼팅은 두 개 이상의 천을 함께 묶는 바느질 작업인데, 크레이지 퀼트는 모양과 크기가 일정하지 않은 천 조각들을 엮어서 스티치를 하는 퀼트 기법이다. 반복되는 모티브가 없고 솔기와 패치가 심하게 장식된 특정 종류의 패치워크를 의미한다. 작고 불규칙한 모양의 천 조각들을 사용할 수 있으며, 1800년대 후반에 인기를 얻었다.

제한된 이불의 양을 보충해 주기에 충분하다면 그건 굉장한 혜택이지요. 내 생각에 미국인의 계획이 한국인들보다 더 건강함을 증명할 것 같습니다.

스와인하트[2] 부인의 공장 건물은 식당과 부엌으로 쓰이고 있어요. 우리는 이제 스와인하트 부인이 필요합니다. 우리의 등록자 수는 3명의 예외가 있는 30명인데, 그들은 모두 과부거나 버림받은 아내들이랍니다. 그들은 학교의 비용을 감당하기 위해 어떻게 해서라도 돈을 벌 방법을 찾았어요. 우리는 계속해서 너무나 많은 버림받은 아내들과 만나게 되면서 "모든 사람이 자기 눈에 좋은 대로 행하였더라"는 「사사기」의 시대를 생각하게 되었답니다.

어떤 지원자들에게는 '안됩니다'라고 말하는 게 어려웠지만, 도슨 양과 나는 학교를 고르려고 애썼어요. 우리는 가장 유망해보이고 진심으로 배우고 싶어하고 교회를 섬기기 위해 훈련받기를 원하는 사람들을 선택하려고 노력했지요. 그 지역의 좀 더 큰 성경학교의 여자부에는 대부분 미혼인 68명의 여학생들이 있었고, 남자부에는 97명의 소년들과 남자들이 있었어요.

노스캐롤라이나의 샬롯에 있는 로이스 닐 양은 속기사로 일하면서 모은 저축을 우리가 광주에 교인 봉사를 위한 여자들을 양성하

---

2 마틴 스와인하트(Martin L. Swinehart, 1847-1957)는 남장로교 선교사이자 건축가로, 한국식 이름은 서로득(徐路得)이다. 광주에서 의료선교를 하다가 1909년에 죽은 오웬 선교사를 기념하기 위해 1914년에 세운 오웬기념각(광주광역시 유형문화재 제26호)을 설계하였다. 1927년에는 수피아 여학교의 윈스보로 홀(현 수피아여중 본관)을 건축하였다. 주일학교 교육에도 헌신적이어서, 1912년 2월에 발족한 조선연합주일학교협회의 초대 회장에 추대되었다.

는 성경학교 건물을 지을 때에 쓰도록 보내 주었습니다. 그녀 자신 역시 지금은 교회 사역에 관여하고 있는데, 우리는 그녀를 이일 성경학교의 기도 동역자로 모시게 되어서 얼마나 기쁜지 모릅니다.

여러분들도 기도와 함께 와서 우리를 도와주세요. 그래서 이제 몇몇 기도 제목을 적어 보겠습니다.

1. 이일 성경학교의 한국인 교사들을 위해 기도를 부탁합니다.
홍성애 : 지도교사. 수피아 학교와 평양고등성경학교 졸업
김경애 : 기숙사 감독. 평양고등성경학교 졸업
윤부인 : 이일 성경학교 졸업. 오전에는 성경반을 가르치고 오후
   에는 도슨 양을 도와서 불우한 환경에서 자라는 50명의 어린이
   들을 가르치는 학생교사들을 감독합니다.
2. 진부인 : 쫓겨난 사람들이 사는 재생 지역의 전도부인
감사할 일 : 이제 우리에게 진부인과 정부인 −관리인이자 은퇴한
   전도부인− 이 거주하는 주택이 생겼는데 그곳에서 주일학교와
   교회 예배를 드릴 수 있습니다.
   지난 주에 장로회에서 이 새로운 곳을 교회로 인정하고, Y.N.
   박목사님을 대리목사로 임명했습니다. 성경학교의 몇몇 젊은이
   들과 여러 명의 우리 이일학교 학생들은 재생지역 안에 모범 주
   일학교를 설립하려고 노력하고 있습니다. 소년들은 기독교인 도
   지사가 우리에게 빌려준, 마당에 있는 미군 텐트 아래에 모였습
   니다.
3. 광산에서 전도사역을 하고 있는 배영신과 그의 남편을 위하여
   기도해 주세요. 최근에 광산에서 공산주의자들의 폭동이 있었
   고, 기독교인들이 위협을 받고 있습니다. 13명이 봄에 교회 회

원이 되는 심사를 받게 되었습니다. 교회 예배는 교원주택에서 드리고 있습니다. 사회사업을 위해 미국 정부의 공무원이 최근에 광산을 방문했지요. 그는 우리 처소에 교회 건물이 필요함을 보고 그것에 대하여 기록했습니다.

4. 굼능 마을에 사는 김영애 전도부인을 위해서 기도해 주세요. 그 곳에 타버린 교회 건물을 다시 짓기 위한 기금을 모으기 위해 열심히 일하고 있습니다. 그 교회는 구복실의 교회라고 불리고 있지요. 그녀는 수피아 학교의 10대 소녀인데, 밤에는 집사의 집에서 야간학교를 하며 가르치고 있습니다. 그녀는 어린이들에게 계속해서 쌀을 한 줌씩 가져오도록 했는데, 쌀이 한 되 정도 양으로 차면 교회 건물을 짓기 위한 자재를 구입하기 위해 팔아 왔답니다. 이 젊은 교사와 어린이들의 열정에 감화받은 마을 사람들이 이 교회의 설립을 위해 자기들의 인력을 내어 놓았습니다.

5. 태촌 안 10여 마을의 전도부인이자 초기 전도자인 김공선이를 위해 기도해 주세요. 이 처소는 지난 봄에 주말마다 이 구역을 방문했던 이일학교의 한 학생에 의해 시작되었어요. 몇일 전에 장로회는 나목사에게 이 지역을 감독하며 새 기독교인들이 교회의 회원이 되게 검토하도록 임명했습니다.

6. "또 나를 위하여 구할 것은 내게 말씀을 주사 나로 입을 열어 복음의 비밀을 담대히 알리게 하옵소서 할 것이니"(에베소서 6:19) 내가 이 전도부인들, 교사들, 그리고 학생들을 지도하고 영향을 끼치도록 힘쓸 때에 그 은혜와 지혜와 능력이 나에게 함께 하시기를.

7. 우리 광주 병원을 열기 위해 미국으로부터 의사가 속히 도착하도록. 새로운 미혼여성들이 이곳에 와서 은퇴할 나이가 되어가

는 우리를 대시할 수 있기를. 새 인력보충에 대한 감사. 밀러씨 가족과 미첼 씨 가족이 지금 높은 파도 위의 화물선에서 광주로 오고 있습니다.

이방인의 땅에서 우리들의 나약한 말들에서 어찌 그런 능력이 나오는지 놀랍습니다. 그 때 고향에선 교우들이 두 세 사람 모여서 한 시간씩 기도하겠지요.

여러분들의 친구, 동역자
애나 매퀸

1949년 10월 14일 내슈빌, 테네시에서 받음.

부록
제니 수피아학교(Jennie Speer School)

구애라(Anna McQueen)

한국 사람들의 말에 따르면, 작은 숙이는 문 밖에서 기침을 하며 기다리고 있었다. 잠시 후 종이와 대나무로 된 쓰러질 듯한 문이 열리면서 머리가 헝클어진 12세 소녀가 머리를 그 문 사이로 쑥 내밀고 작은 숙이에게 물었다.

"무엇 때문에 너는 여기에 왔니?"

얼굴에 가득 미소를 띠면서 숙이는 다음과 같이 대답했다.

"나는 오늘밤 우리 기도회 모임에 당신을 초대하려고 왔어요."

그리고나서 그녀는 또 다음 집을 계속하여 방문하며 마을 사람 전부에게 이번 토요일 밤 기도회 모임에 모두 참석해 달라고 요청했다.

그 마을의 양순이라는 소녀는 전에 한 번도 이러한 기도회 모임에 참석해 보지 않아서, 그러한 모임이 무엇인가를 알기 위해 그 기도회 모임에 참석하기로 했다. 그녀가 거기에 도착했을 때, 그녀는 예수라는 구세주에 대해서 기적적인 이야기를 듣고 있는 20명의 여자들을 보았다. 숙이라는 소녀가 그 기도회를 이끌고 있었으며, 이야기가 끝났을 때 그녀는 아이들에게 찬송가와 성경 구절에 대해서 가르쳐 주었고 기도를 인도하였다.

일요일 아침 숙이는 일찍 일어나서 자기와 함께 주일학교에 갈 마을 소녀들을 모으기 위해 이 집 저 집 분주히 자갈길 위를 나막신을 신고 돌아다녔다. 그 다음 가을에 숙이는 그 마을의 4명의 어린 소녀와 함께 자기가 사랑하는 기독교학교 개강일에 참석했다.

그들 중의 한 명인 헝클어진 머리의 양순이는 숙이에게서 머리를 단정히 빗으라는 말을 들었기 때문에, 머리를 단정히 빗고 다녔다. 양순이는 처음부터 실력을 인정받았기에, 해가 지남에 따라 진급하면서 마침내 학급반장이 되었다. 광주에서 우리 학교를 졸업한 후에 그녀는 서울에서 교육을 계속 받았으며, 훌륭한 기독교 여성이 되었다. 또한 그녀는 제니 수피아(Jennie Speer) 기념학교에서 가장 훌륭한 교사가 되었다. 즉 양순이를 교회와 선교학교로 인도함으로써 숙이라는 소녀는 그녀에게 많은 영향을 끼쳤다.

기독교가 전파되지 않은 한국에서 무엇이 이 13세의 작은 소녀에게 신앙의 승리를 위해 열성적으로 선교하도록 고무했는가? 그리고 어디에서 이 소녀는 기독교 봉사의 이상을 얻었는가? 그것은 바로 제니 수피아학교(Jennie Speer School)에서 그녀가 받은 교육의 혜택 때문이다.

그런데 이제 바로 그 학교가 위험한 상태에 처해 있다. 그러나 기다려라. 나는 처음부터 다시 시작할 것이다.

과거

1908년 봄에 벨 박사 부부와 엘라 그레이엄 양은 광주에 살고 있는 총명한 어린 기독교 소녀들이 3R과 성경에 대하여 배울 수 있도록 몇 가지 대책을 강구해야 한다고 결정했다. 이것은 알려지지 않은 하나의 혁신이었다. 왜냐하면 기독교가 한국에 들어오기 전까지 한국 사람들은 남자애들을 교육시켰지만, 여자들을 위한 학교는 불필요하다고 생각했기 때문이다.

처음에는 단 4명 …. 그러나 나중에는 12명의 소녀들이 배움의 전당에 모여 들었다. 선교 건물의 앞뜰에 있는 한국식의 방 안에서 그녀들은 한국 전통관습에 따라서 바닥에 앉아서 큰 소리로 공부를 하였다. 그러다가 가끔 선교사가 그들에게 다가오면, 그녀들은 보통 미국 학생들같이 목소리를 낮춰 조용히 공부했다.

첫 번째 정규 교사는 훌륭한 전도학교를 졸업한 남궁[1] 씨의 부인[2]이었으며, 이 부인의 남편은 현재 리치먼드에서 석사 과정을 밟고 있다.[3] 이 학교의 첫 번째 감독관은 그레이엄 양이며, 두 번째는 윌슨

---

1 남궁혁(南宮爀, 1881-?)을 가리키는데, 배재학당을 졸업하고 목포 영흥학교 교사로 부임했다가 게일 선교사의 주례로 1908년 김함라와 결혼하였으며, 1909년 광주 숭일학교 교사로 부임하였다.

2 한국 첫 번째 교회인 황해도 소래교회 출신의 김함라(金涵羅)로, 정신여학교를 졸업하고 남궁혁과 결혼한 뒤에 숭일학교 교사로 부임하는 남편을 따라 광주에 와서 수피아 여학교 교사가 되었다.

3 남궁혁은 1921년 평양신학교를 졸업하고 광주 금정교회 목사로 부임했다가, 남장로교 선교사들의 주선으로 1922년 프린스턴신학교 3학년생으로 편입하였으며, 1924년 신학석사 학위를 받았다. 같은 해 버지니아 리치먼드 유니언 신학교 박사과정에 입학하고 1년 과정만 마친 채 귀국하여 평양신학교 교수로 임명되었고, 1929년 박사

씨의 부인이었다. 그리고 1910년에 애나 매퀸이 미국에 가 있을 때 오웬의 부인이 그 동안 학교를 맡았다. 후에 마가렛 마틴 양이 1921년 9월에 보낸 '우리를 도와 달라'는 요청에 응답을 해 왔다.

1911년에 스턴스 부인이 우리 학교 건축비로 5천 달러를 내놨으며, 그녀의 여동생을 기념하기 위하여 이 학교의 이름을 제니 수피아 기념학교(Jennie Speer Memorial School)로 지었다. 회색 벽돌 건물을 지었는데 1층은 기숙사이며, 2층에는 교실이 세 칸 있었다. 한 교실에는 여학생 40명이, 또 한 교실에는 18명이, 또 다른 교실에는 여학생 10명이 앉을 수 있는 좌석을 배치했다. 그리고 2년 이내에 이 학교는 학교 구내를 굉장히 넓혔다.

매 해마다 11년 동안이나 이곳 전도자들은 본국 교회에 또 다른 추가 건물을 위하여 돈을 요구했다. 그러한 요구에 한 회신이 왔는데, 그 내용은 다음과 같다.

스턴 부인이 1920년에 이 학교를 방문했는데, 그녀는 이 학교가 이룩해 놓은 업적에 커다란 감명을 받았으며 훌륭한 투자를 했다고 말했다. 그녀는 북장로교 교인이고 우리 교회 회원이 아니지만 우리에게 새로운 기숙사를 위하여 1천 달러를 제공했는데, 남장로교 교인들도 그것과 동등한 액수를 내야 한다는 조건이었다. 플로라 맥도날드 대학[4]의 학생들과 동창생들은 그러한 요구

학위를 취득하였다. 광복 직후 미군정청 적산관리처장으로 6개월간 활동하였으며, 한국기독교연합회 총무로 활동하다가 1950년 8월 공산군에 의해 납북된 후 행방불명되었다.

4 노스캐롤라이나주 레드 스프링스에 세워졌던 여자대학으로, 매퀸 선교사의 모교이다. 1896년 찰스 그레이브스 바드웰(Charles Graves Vardell) 박사에 의해 레드 스프

조건을 받아 들였으며, 1923년에 50명의 여학생을 위한 한국 형태의 기숙사를 설립하였다.

현재

이 학교는 계속 발전하고 있는데, 지금은 보통과 6개 학년과 고등학교 4개 학년이 있고, 한국인 교사 8명과 일본인 교사 2명이 있으며, 총 재학생 수는 225명이다.

일본 정부는 우리들로 하여금 그들의 학교 교과과정을 따르도록 요구했는데, 그것은 한 주일에 32단위이다. 교과서는 일본어로 쓰여 있으며, 여가 활동은 외국어로 하였다. 수학, 과학, 역사, 그리고 다른 서구 교과목을 제외하고는 각 학년의 모든 학생들은 한문과 일본어 수업을 매일 받았다. 그리고 고등학교 여학생들은 한 주일에 세 시간씩 영어 수업을 받았다.

또 모든 학년에서 성경 공부는 필수였으며, 매일 30분씩 종교 활동에 참석했다. 이것은 혹독한 과정이었으며, 여학생들이 이러한 과정을 잘 마쳤다는 사실은 그들의 놀라운 정신력을 증명하는 것이었다.

링스 신학교(Red Springs Seminary)로 설립되었으며, 1914년에는 플로라 맥도날드 대학(Flora Macdonald College)으로 이름이 바뀌었다. 여러 대학들과 합병하여 로린버그에 있는 세인트 앤드루스 대학(St. Andrews Presbyterian College)으로 발전하였으며, 스코틀랜드 장로교의 전통을 이어받고 있다.

결론

과연 기독교 교육은 한국에서 어떻게 공헌했는가? 그리고 어떤 종류의 기독교적 특징이 학교에 의해서 발전되었는가? 와서 보라.

비 오는 일요일 아침에 기숙사에서 흩어져 나오는 여학생들이 자신들이 가르치는 17곳 혹은 그 이상의 주일학교로 가는 것을 보라. 많은 학생들이 네 군데 교회에 있는 주일학교의 기초과정과 초급과정에서 가르친다. 그리고 몇몇 학생들은 일요일에 농촌으로 가서 학생들을 가르칠 것이다. 이들 학생들은 농촌 길을 몇 마일씩 걸어야 하는데, 그들의 샌들은 농촌의 진흙 길에는 별로 도움이 되지 않는다. 왜냐하면 농촌 길은 진흙 길이며 매우 미끄럽기 때문이다.

학생들 가운데 우산을 가진 사람은 극소수이다. 왜냐하면 이들은 우산을 살 만한 여유가 없기 때문이다. 비가 많이 오는 날에는 치마로 그들의 머리를 둘러썼는데, 비를 피하는데 별 도움이 되지 못했다.

오늘 그들은 어제 입었던 옷을 빨아야 하는데, 학교 안에 세탁 시설이 갖추어져 있지 않아서 반 마일 떨어진 개울가에서 자신들의 옷을 빨아야 했다. 그러나 그들은 궂은 날씨에도 불구하고 주일학교나 교회에 나갔으며, 여기에 나가는 것을 꺼려하지 않았다.

그들은 아침에 가르치기를 마치고 나면 오후 2시에는 1마일이나 걸어서 교회에 예배 보러 갔다. 겨울철에도 눈과 살을 에는 강추위 속에 그들은 규칙적으로 교회에 나갔으며, 입고 다니는 옷은 좋지 못했다. 나는 이러한 그들의 행동을 진실한 기독교 정신이라고 말하고 싶다. 우리 학교는 기독교 봉사자와 자기 고장 교회 활동의 지도자를 양성하는데 훌륭한 학교라고 생각한다.

9월에 이 여학생들은 주일 학교와 주간 학교에서 여름 동안에 자신들이 했던 자발적인 교육사업을 보고했다. 당신은 아마도 그들이 수행한 일의 양을 보고 놀랄 것이다. 많은 졸업생들과 우리 학교를 나온 사람들은 시골에서 주·야간 학교를 책임지고 있으며, 그리고 어떤 사람들은 유치원과 선교부 학교에서 가르치고 있다.

우리 학교 졸업생 중 원순이와 순임이는 졸업한 후 캐나다의 장로회 성서학교에서 3년 과정을 밟았다. 원순이는 현재 성경 교사이며, 수피아 여학교 기숙사 사감이다. 그리고 순임이는 광주 성경교사 훈련학교에서 가르치고 있다.

학생들 가운데 몇 명은 광주, 군산, 순천 그리고 서울 병원에서 간호원과 보조원으로서 빛나는 봉사를 했다. 그리고 대부분의 졸업생들은 결혼을 했다.

전국 각지에서 우리 학교 출신들이 살고 있는 가정이 일반 보통 사람들의 집보다 더 잘 정돈되고 깨끗하다. 우리 학교 출신의 가정들은 더럽고 무질서한 보통 사람들의 집안에 대해서 사막 한가운데의 오아시스와 같은 역할을 하고 있다

또한 그들의 자식들도 훌륭한 가정교육을 받았음을 보여준다. 이러한 가정에서 앞으로 더 많은 교회 지도자들이 나올 것이다.

흔히 우리 학교의 교장들은 교회 지도자들인 교사들로부터 훌륭한 며느릿감을 요청받는다. 우리학교 출신들이 교회 일을 도울 수 있으며, 혹은 지방 학교에서 가르칠 수 있는 능력이 있기 때문에 그러한 요청이 들어온다.

우리 학교 출신들은 많은 목사 지망생들, 의사, 교사, 장로, 집사 그리고 교회 지도자들과 결혼했는데, 이들은 일반 보통 가정의 주부들보다 더 훌륭한 남편의 동반자였고, 훌륭한 기독교 가정의 어머니가 되었으며, 집안의 내조자가 되었다. 이러한 우리 학교 출신 주부들과 혹은 그들 남편들에게 '과연 기독교 교육이 얼마나 그들의 생활에 공헌했는가'를 물어보라.

성경공부와 기도

미국의 보통 여자고등학교 학생들과 우리 수피아 여학교 학생들간의 성경 경시대회를 한번 상상해보라. 나는 우리 학교 학생들이 쉽게 이길 것이라고 확신한다. 교회의 새벽 기도회는 많은 숫자의 여학생들이 참여하는데, 이들은 12월의 추운 아침 새벽 5시에 일어나서 1마일이나 걸어서 여기에 참석한다.

이 여학생들은 교회당에서 몇 주일 동안 그들의 새로운 기숙사를 만들어 달라고 하나님께 매일 기도했다. 또한 그들의 학교에서 필요한 물건과 시설물들을 위해 교회에 모여서 기도했다. 우리 모두 그들의 기도가 응답되도록 하나님께 기도하자.

청지기 정신

한국의 가정은 매우 가난하지만, 이들 여학생들은 매월 2달러를 내는 방법을 발견했다. 학교 기독학생 면려회는 매달 12.5달러를 가정 전도 비용으로 제공했다. 지난 가을 북문밖교회를 확장하기 위하여, 또 남문밖교회를 위한 난로와 다른 장비들을 구해 주기 위하여 합동 모금 운동을 펼쳤다. 교회의 많은 여자들과 기숙사의 여학생들은 성미를 모아 저축해 두었다.

마침내 성미 포대를 가득 채웠으며, 그 포대를 교회로 운반하여 그곳 쌀 상자를 채웠다. 다시 또 성미운동을 전개했으며, 마침내 그 쌀들은 교회 장비 구입 자금을 위해 쓰였다.

마지막 헌금 때에 어떤 여자들은 그들의 결혼반지와 은비녀를 기부했으며, 그리고 예배가 끝날 무렵 나는 '안식일(On-sik-iddee or Sabbath day)이라고 하는 여학생이 기부한 반지를 발견했다. 또 다른 학생인 덕희는 그녀의 새빨간 댕기를 헌금함에 바쳤다. 이것은 참으로 놀라운 금욕정신이다. 누가 이들의 훈련을 따를 것인가?

미래

우리 학교의 미래가 어떻게 될 것인가를 우리 자신에게 물어보자.

그 해답은 당신에게 놓여 있다. 신의 도움으로 우리는 교육받지 못한 여학생들을 자립심이 강한 기독 가정의 훌륭한 주부로 변화시켰으며, 그들을 훌륭한 근로자와 지도자로서 발전시켰다. 그러나 우리 학교는 어떤 시설을 갖추어야 한다. 즉 일본인들은 정부로부터 인가받지 않은 학교의 학생들에 대해서는 심한 차별 대우를 했는데, 그러한 차별은 언젠가는 기준에 도달하지 못한 이러한 학교들을 폐쇄시킬지도 모를 가능성이 있기 때문이다.

따라서 우리들은 우리의 학교를 인가받은 학교 수준까지 끌어

올려가야 한다는 것이 절대로 필요했으며, 따라서 이러한 일 때문에 한국에 있는 지도원들은 광주의 통합된 여자고등학교의 시설을 갖추기 위하여 본국에 5만 달러를 요청했다. 한국에서 6개월간 주일 학교에서 일한 후 최근 귀국한 유니온신학교의 톰슨 박사(Dr. Taliaferro Thompson)는 다음과 같이 말했다.

돈을 기부할 기회는 현재이며, 앞으로 기부할 기회는 주어지지 않을 것이다. 왜냐하면 일본은 한국의 문호를 아주 빠른 속도로 폐쇄하고 있기 때문이다.

광주에 있는 이 학교의 미래는 어떨까? 당신은 당신의 대답을 지금 줄 수 있거나, 혹은 사람들이 학교 설비를 위하여 기부하는 12월 14일에 대답할 수 있을 것이다. 우리는 이들 여학생들에게 그 돈이 모금되었다고 쓰인 해외 전보를 크리스마스 때 보내려고 계획 중이다.

우리 모두 그 전보에 '5만 달러를 모금했다'고 쓸 수 있도록 하나님께 기도하자. 5만 달러는 모금될 수 있을 것이다. 이 돈은 한국 여학생들의 신앙심을 강화시켜 줄 수 있을 것이고, 또 당신 자신의 정신력을 심오하게 해줄 수 있을 것이며, 또 그리스도의 복음을 전파하는 위대한 한국의 전도에 당신도 같이 할 수 있을 것이다. 많은 한국인 여성들이 그들의 기독교적인 행사와 사회에 참여하는 데 도움을 줄 수 있을 것이다.

한국 학교의 여학생들은 현재 기도와 일을 하고 있으며, 그 모금 운동에 참여하고 있다. 당신도 한번 이러한 일에 참여해 보지 않겠는가?

사선(射線)에서

매퀸 양의 한국에서의 삶과 사역에 대해 몇 자 적게 되어 정말 크게 기쁩니다. 우리는 그녀의 모교(플로라 맥도날드 대학)가 한국에 있는 광주 여학교의 기숙사 건물 건축을 돕게 된 것을 알고 있습니다. 이보다 더 크고 더 급한 일은 없다고 나는 확실하게 말할 수 있습니다. 지금은 한국의 여성들을 위해 꼭 필요한 중요한 날이며, 우리는 때가 지나기 전에 신속하게 이 일을 추진해야 합니다. 매퀸 양은 그녀의 사역에서 기억에 남을 성공을 이루었으며, 선교 본부로서 우리는 다른 어느 곳에서 이보다 더 멋진 사역자를 볼 수 없음을 확신합니다. 이 작은 책자가 플로라 맥도날드 대학 여학생들의 봉사의 삶에 대한 관심을 넓히는데 쓰여질 것을 믿으면서.

한국, 광주에서 뉴런드(LT. Newland)[5] 드림

---

5 미국 남장로회 선교사로 1910년 한국에 파견되어 광주와 목포에서 선교했으며, 태평양전쟁으로 더 이상 한국에 머물 수 없게 된 1942년까지 주로 농촌에서 선교하였다. 한국명 남대리(Newland, Leroy Tate). 귀국한 뒤에는 조지아 주 유니온 포인트 교회에서 몇 년간 목회하였으며, 은퇴한 뒤에는 고향인 노스캐롤라이나 주 블랙마운튼에서 여생을 보냈다.

1923년 보통과 10회 졸업생들과 함께 찍은 수피아여학교 교장 매퀸 (가운데)

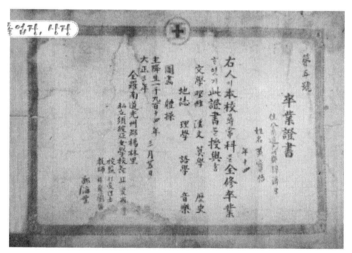

1914년 졸업증서에 사립수피아여학교 교장
구애라(具愛羅) 이름이 적혀 있다. [수피아백년사]

애나 매퀸

1907년 플로라 맥도날드 대학의 한 여학생이 그녀에게 주어진 소명이 무엇인지 알아내려고 노력했습니다. 그녀 앞에는 본국에서 일할 수 있는 길이 여러 갈래로 펼쳐진 듯 했지만, 세상의 도움이 되기 위한 어떤 한 기회를 놓고 다른 누군가와 경쟁한다는 것은 왠지 그다지 옳게 보이지 않았습니다. 그녀의 마음속에 있는 여러 가지 계획들을 숙고하면서, 그녀는 가장 가치가 있는 곳에 쓰이기 위해 자신의 삶을 내어주기 원한다면 본국을 떠나 여성들이 대접받지 못하는 곳으로 떠나야 한다는 것을 알게 되었습니다. 그때 그녀는 한국으로부터 부름을 받았는데, 어두운 땅에 빛과 기쁨을 가져다주는 것은 그녀의 촛불을 본국의 다른 수많은 촛불들 곁에 비취는 것보다 더 의미 있는 일로 보였습니다.

1909년 그녀는 하나님의 군대의 해외 사단에 입대하고 한국에 왔습니다. 처음엔 모든 것이 새롭고 생소해서 어린 신병은 향수로 많은 괴로움을 겪었지만, 한국의 언어를 익히며 생소한 풍습과 낯선 사람들에게 조금씩 익숙해지는 날마다의 열병식 학습 동안 그녀는 불평할 시간이 거의 없었고 아주 열심이어서, 그녀가 훈련지를 떠나서 실제 업무를 시작했을 때 그녀는 그렇게 결정한 것에 대해 한 번도 후회하지 않았습니다.

대부분의 전쟁에서 신병이 군생활의 기술들을 완전히 터득하기 전에 실전에 나가는 명령을 받게 되듯이, 그녀 역시 학습 과정이 총 2년이 걸려야 함에도 1년 만에 사역지로 내보내졌습니다. 일꾼들이 부족했고 너무나 절실했기에, 간신히 한국어를 익힌 채로 광

광주에서 한복을 입은 애나 매퀸.
나무 사이로 수피아여학교 건물이 보인다.

주 여학교의 책임자가 되었습니다. 그녀는 봉사의 의욕으로 이 나라에 도착했고, 상상할 수 없는 비참함 속에 무시당하고 짓밟힌 채 살아가는 여인들과 소녀들 가운데 서있는 자기 자신을 보게 되었습니다. 예수님의 사랑에 붙들린 그녀는 간절한 심정으로 지정된 선교기지에 가서 한국의 여성들의 발전을 위해 일을 했는데, 이것이 그녀 평생의 과업이자 소명이 되었습니다. 그녀 앞에 어려움이 많았고 서툰 언어로 인한 장애가 심각하게 느껴졌지만, 그녀는 용감하게도 한국어 배우기, 한국 사랑하기, 한국에 영향을 주기의 세 가지 과제에 자신을 던졌습니다. 그 후 13년이 지나는 동안, 큰 열정이 있는 사람이 그가 간절히 바라는 것을 충분하게 표

조랑말을 타고 다니며 선교하던 애나 매퀸

현할 수 있다는 것을 보여주었습니다. 매퀸 양은 육체적인 건강의 일부를 잃으면서도 그 세 가지 계획을 처음 몇 해 동안, 여느 사람이 할 수 있는 한도 내에서 이행할 수 있었습니다.

그녀는 이제 한국어에 능숙해져서 더 이상 두려워하지 않고 원하는 대로 구사할 수 있게 되었으며, 한국인들을 사랑하여 그녀의 학교에 딸들을 보낸 부모님들이 그녀를 친구라고 부르게 된 것을 기뻐합니다. 이제 여성으로 성장한 여학생들은 그들의 삶에 대한 그녀의 호의적인 영향을 돌아보며 칭송합니다. 매번 그녀가 거리를 걸을 때는 여학생들이 마치 살아있는 후광처럼 그녀를 둘러싸며, 수줍어하는 큰 눈을 가진 어린아이들은 그녀가 이방인이어도 자기들을 사랑하고 있음을 본능적으로 알고는 그녀 주위로 다가옵니다.

아마도 그녀의 일생의 세 번째 주제, 한국의 여성들에게 영향을 주고자 했던 것에서 특별히 크게 성공하였습니다. 그녀는 1년 전, 1909년에 50여명의 출석생으로 시작된 광주 여학교를 세웠습니다. 이제 그녀의 지도 아래 270명의 학생들이 있으며, 너무 협소한 시설 때문에 학생들을 더 받을 수 없습니다. 교육과정은 10학년으로 되어있고 그 가운데 60여 명은 기숙사에서 지내는데, 버릇없는 학생들을 훈계해본 교사들만이 그녀가 맡은 책임이 어떤 노역이었는지 알 것입니다.

학교의 감독 이외에 그녀는 영어와 성경을 가르쳤고, 여러 지역의 주일학교와 기도 처소를 관리하고 발전시켰습니다.

또 다른 헌신적인 일꾼, 스와인하트 부인은 학교의 기술 과목을 맡아서 가르침으로 여학생들이 (자기들 힘으로) 학교에 등록하고 필요한 비용을 충당할 수 있게 했습니다. 이렇게 함으로 한편으로는 매퀸의 짐을 가볍게 했으나, 다른 한편으로는 지난번 리포트에 비해 늘어난 학생 수가 고스란히 교장의 책임이 되었습니다. 그래서 기술을 가르치는 한편 성격을 계발시킨 한 분과 정신과 감정을 훈련시킨 또 다른 한 분, 이 두 분은 계속해서 젊은 여성들을 한국의 현실 생활 속으로 내보냈습니다.

그녀들이 교육받은 올바른 원리, 진실한 신앙, 그리고 고귀한 결의 등을 흙벽이 있는 초가집과 작은 교회와 학교로 전했습니다. 집들은 더 깨끗해지고 밝아졌고, 어린 아이들은 더 잘 양육되고 건강해졌으며, 작은 교회들은 더 이상 무지하거나 약하지 않았고, 학교들은 희망과 가능성을 품게 되었습니다. 이것은 모두 이 여학생들이 출석하는 학교의 교장과 교사들, 보조 교사들 모두가 그리스도를 가장 잘 섬기는 사람은 곧 사람들을 가장 잘 섬기는 사람이라는 같은 믿음을 가졌기 때문입니다.

학교 안의 모든 부서의 일련된 특징은 복음주의입니다. 한 소녀가 입학해서 졸업할 때까지 그녀의 역량과 경험에 맞는 활발한 크리스찬의 사역이 주어집니다. 15개 남짓한 광주 주변의 대부분의 주일학교에는 이러한 여학생들이 다른 학생들을 교실로 데려오거나 혹은 직접 가르치는 사역을 담당합니다. 이것은 매퀸의 지도를 받는 여학생들 가운데 한사람이라도 활동적이고 성공적인 주인의 청지기가 되기 전까지는 학교를 떠나지 못하게 하는 매퀸의 영향력 덕분입니다.

13년은 긴 시간입니다. 광주는 레드 스프링즈 학교[6]로부터 먼 거리에 있으며, 아름답고 평화로운 선교 본부의 바깥에는 그녀와 피부 색깔이 같은 사람이 없고 단지 초가집 마을들이 산등성이에 따개비처럼 달라붙어 있었습니다. 하지만 그 많은 마을 안에는 이제 밝은 세상을 아는 사람들이 있습니다. 왜냐면 1909년 플로라 맥도날드 대학의 한 학생이 가장 보람 있는 곳에 자신의 삶을 바치겠다고 확고하게 결정했기 때문입니다. 한국어는 습득되었고 이미 그녀가 그 속에서 같이 사는 사람들을 사랑하게 되었지만, 활력을 주려는 과정은 여전히 진행중입니다. 그녀가 이곳에 없어도 한국의 여성들이 예수님의 발 앞에 앉은 마리아처럼 될 때까지 이 과정은 계속될 것입니다.[7]

---

6 레드 스프링즈 학교: 애나 매퀸이 졸업한 뒤에 바뀐 학교 이름이다.
7 이 자료를 찾아주고, 출판을 허락해준 도서관장 매리 맥도날드의 편지를 소개한다.

May 9, 2022
혜란!
애나 매퀸에 대한 어떤 자료라도 찾으려고 기록 보관소를 샅샅이 훑었습니다. 『사선에서』라는 이름의 작은 책자의 사본을 동봉하는데, 여기에는 플로라 맥도날드 학교 출신의 선교사들에 대한 기록이 담겨있으며, 애나 매퀸이 첫 번째로 실려 있습니다!

이 분이 바로 당신이 찾는 그 사람이기를 바랍니다. 학교 초창기에는 졸업기념 앨범과 같은 기록들이 없었기 때문에 이 책자 외에는 그녀에 대한 다른 어떤 사진이나 정보도 없습니다. FMC는 사실 그녀가 졸업하던 1902년에는 레드 스프링즈 신학교(Red Springs Seminary)였으며, 그 다음엔 남부 장로교 대학 음악학교(Southern Presbyterian College and Conservatory of Music)로, 그 후에는 플로라 맥도날드 칼리지(Flora Macdonald College)로 이름이 바뀌었습니다. (나중에 또 다시 로린버그의 세인트앤드류스 장로교 대학(St. Andrews Presbyterian College in Laurinburg)이 된 것이지요.)

이 책자에 따르면 매퀸은 광주에 학교를 설립했습니다. 나는 FMC 또한 한국의 광주에서 그리 멀지 않은 순천에 위치한 비더울프 한센인 센터를 지원했던 사실도 알고 있습니다. 매퀸이 그 곳에서 일을 했다는 자료는 갖고 있지 않지만, 충분히 그럴 수 있었다고 생각합니다.

끝으로 우리에게는 미국 장로교회 몬트릿 유산센터에 있는 1896-1996년 간의 『한국 선교 기록』의 제목으로 사진 복사된 것이 있습니다. 팜플렛 제목 아래에 아래와 같이 두 항목이 있습니다:

　　　65 앤 매퀸. 제니퍼 스피어 학교.

　　　66 애나 매퀸. 인내, 그 이상.

또한 '한국 선교기록' Box 61번에서도 이름이 나옵니다.

　　　40. 애나 매퀸

나는 위의 내용에 관한 문서들은 갖고 있지 않지만 아래의 장소에 연락을 취해보실 수 있을 겁니다.

https://phcmontreat.org/contacts.html

다행히도 나는 『사선에서』를 기억하고 있었기 때문에 애나 매퀸의 사진을, 그것도 책에서 제일 첫 번째로 보았을 때에 정말 기뻤습니다!

도움이 되기를 바라면서.

매리 맥도날드

드템플 도서관 관장

세인트앤드류스 대학교

로린버그, 노스캐롤라이나

원문

THE MISSIONARY SURVEY

Summer 1919.

LETTER FROM MISS ANNA McQUEEN.

DEAR FRIENDS IN AMERICA,

After my extended furlough of three years and a half in America, I am again in the land of Chosen. On account of a number of recent events, the joy of my arrival was mingled with sorrow. While on the briny deep we heard a little by wireless of the troubles in Chosen, and in Yokohama the rumors were so baffling that I wondered how much courage it would take to go forward on my three days' trip alone. In Yokohama, too, through my letters of welcome from the missionaries, I heard of that dreadful automobile accident. Other distressing news I heard when I reached Kwangju, but, in the midst of all the turmoil and sorrow, I was ever glad that I had been permitted to return. I found that I had lost none of my old love for the Koreans, and I seem to realize more than ever what a delightful, appreciative people they are. They always give the missionaries an exceedingly warm welcome. Their speech abounds in the nicest, the most tactful of little pleasantries, and, being human, we like to hear their appreciative remarks, even though we may know they have been kissing the blarney stone.

Three years have made quite a change in the personnel of the school, and it has been so interesting to hear accounts of the graduates and the old girls. Mrs. Owen had charge of the school in my absence, and the head teachers were Chaigumie and Aisunie, our first graduates, class of 1915. I have always been so proud of those two capable girls, and now I am equally proud of Sengunie, another one of our girls, who returned this spring to teach for us after a two years' post-graduate course in Seoul. One of our former pupils graduates this year as a trained nurse in the Severance Hospital in Seoul, and three others are studying there.

The other day I happened to meet in our Kwangju hospital a young married woman whom I recognized as a former school girl, and so I asked, "Aren't you Sunanie from the Kuso church? And didn't your mother one time have the Korean doctor to come to see you?" She hung her head and answered, "Yes." I referred to the incident, for I wanted to be sure I had the girl "located," but it is no wonder that now, with her advanced knowledge, she was ashamed of it. While in our dormitory she was violently sick and her mother told me that she evidently had some loose bones inside of her, and so she had called one of the Korean doctors, as they knew best how to cure that form of sickness. I very sternly replied that we did not believe in the Korean witch-doctors, and by no means could one be allowed to enter our school gate. Then I hastened to the hospital in search of some medicine, but was amazed when, on my return, the mother proudly showed me five pieces of bone which she said had been the cause of her daughter's agony. In my absence she had put the large girl on her back, carried her outside the school yard and there the doctor (?) had dropped down her throat a long line with something like a hook on it, and by some skillful sleight-of-hand performances had pretended he extracted those five pieces of dry bone. She was still suffering, and the effect of the American medicine, and a lecture the following morning by one of the Korean hospital assistants, convinced the whole school of the witch-doctor's deceit. Sunanie's husband is one of the hospital assistants now, and last week she was employed as a nurse. When I asked Miss Mathews about her ability she replied, "Oh, the schoolgirls always learn quickly — they are far more capable than the others."

One of the most ambitious of our girls is Yenai, who, having completed one postgraduate course in Seoul, has now begun kindergarten training. I remember how at length her heathen mother indignantly scolded me some years ago because I was not married. She wanted to marry off her girls while they were very young, but she said no matter how much she talked to them they insisted on continuing their studies, and my example offset all her commands. However, nearly all of our former pupils have married, and I have been delighted to hear how well they have married. Chaigumie married one of the teachers of the boys' school, several have married medical students, and quite a number are now the wives of church leaders and prominent Christians. Am sorry to have to confess that there is one of our post-graduates — but there is only one-of whom I am ashamed. Heredity was against her, but I do not consider our efforts with her wasted, for I believe she is a Christian.

Some of you will remember my telling you about Kwinimie, and that early morning horseback ride in pursuit of her brother when I was trying to save her from a heathen marriage. After teaching for a year, she was happily married to a deacon in a country church. Miss Graham held a class in her church recently. She said Kwinimie's home was some distance away, and so every night her husband would accompany her to the church door, wait somewhere for her until the woman's meeting was over, then Kwinimie would give him her books and he would proudly accompany her home. "Mirabile dictu." Nothing but the gospel has brought about such a change in heathen customs, and made it possible for her to have such consideration from her husband, have the privilege of walking by his side. Miss Graham said Kwinimie's mother-in-law was also very proud of her, but when she saw the dirty, crowded quarters of her "in-laws's" home she could not help feeling sorry for her. As she was leaving, though, Kwinimie said, "Now come and see my room," and at one end of the house was a nice new room that had been built for her and in it were books, pictures and flowers, and everything in order and spotlessly clean. The itinerators tell me that the schoolgirls and their homes are always like bright spots of light in the midst of darkness. Yes, this work surely pays. I am so glad to have a part in it again. Don't forget that I am here, away over on the other side of the world, and pray that I may be given strength physically, mentally and spiritually for all responsibilities.

I hope that each one of my friends will consider this a personal letter, and that at least some of you will reply. I want to write you individually, but how to find time for the letters that we know we ought to write is one of the most difficult of missionaries' problems.

The Koreans are now passing through a political and spiritual crisis, and it seems, as never before, they need your earnest, persevering prayers. Truly, they are, "like children crying in the night and with no language but a cry."

June, 1922.

Kwangju, Korea.

Miss Anna McQueen

My dear home Friends,

We are having a rainy Monday and I am glad for more reasons than one [illegible]. If it rains the Koreans stay at home and so, free from the usual interruptions, I can do my book-keeping, write letters and attend to various other duties that I put off until Monday - our school holiday. Last Monday morning, I had to write my annual report for the station. My first caller, about seven A.M. was a Chinese carpenter. I put him to work and then saw one Korean after another till ten o'clock. It was hopeless to try to get my report written at home so at ten I stole away to a neighbor's house and finished the report in quiet hiding there. From this you may understand that if it rained more frequently on Monday, you would hear from me oftener.

According to Japanese rule, we had our Commencement exercises the last of March, and after a short vacation began a new school year the first of April. I wish you could have seen the crowd of new pupils here on the opening day. The children, with their parents or guardians helping them, all clamored at once to get their names enrolled. They evidently feared all would not be accepted, and finally I did have to take the registration blanks away from the teachers, thinking that in the confusion they might enroll more than we could accommodate. We had to turn away some of the applicants for the boarding school but admitted nearly all the day pupils except young married girls. Some of the young married girls with tears beg for admittance saying, "My husband tells me he will throw me away if I do not learn something." An afternoon class for these young women has been started in the village.

Our enrollment now is 264. The large number in the first grade - 135 in three divisions - indicates how rapidly the school could grow if there were no obstacles in the way. The following is an extract from the Kwangju Quarterly Report, "The Girls' School has grown until it is bursting out at the seams and dangling at the arms like an overgrown boy. There is not room for the girls we have and still they want to come. The Single Ladies even seriously consider giving up their home to make room for this rapid growth. Now, is the great day for Korean womanhood, and it seems a tragedy not to have even hopes of being able to meet this need by enlarging our plant in the near future."

When we think of the thousands of girls in our Kwangju district who have no chance for an education, and think of the few country schools for girls, and the limited number that can be admitted in the main school here, it seems we are accomplishing very little. Just now, however, I received a business note from Mrs. Swinehart, our industrial teacher, and the note contained these encouraging words. "Out at Tai Myeng(?) yesterday, I saw several of your ex school girls, and they all looked so well, and seemed to be helping a lot in the building up of country churches and schools. Your school is doing a heap of good that you will never know about until you can take some of these country trips, too."

We have some very promising girls among the new pupils. I have been having quiet talks with them, trying to learn to know them better and trying to help them in their spiritual life. In talking to Sin-bokie the other day, she told me her father was an old-time Korean doctor and knew nothing but the wisdom of ancient days. Because he clung to the old customs, he had never allowed her to go to school or church although she and her mother both wanted to be Christians. When I asked how it was she was permitted to come here, she replied, "While my father was entertaining his guests in the gate-house, my mother helped me to climb over the rock wall surrounding our yard and thus I got away to come with the other girls. "I asked how her school expenses were to be paid and she said that her mother had sold her ring in order that she could enter school and that after this she expected to support herself. She is doing fine work in her studies, and outside of school hours, not only learned the difficult art of making handmade lace but at the end of the first month had ten yards of nice lace for sale.

All of the dormitory girls and many of the day pupils who are earning money in the self-help department dedicate one-tenth to the Lord's work. Like the churches of Macedonia, in much proof of affliction, out of their deep poverty, they give according to their power and beyond their power. Since the early fall they have been saving up the tenth of their earnings that they might accumulate enough to employ a Bible woman to go out as their representative and preach to the heathen in country districts. They have one hundred and four yen or fifty-two dollars in their treasury now. Recently, they employed a Bible woman and we are sending her first to the non-Christian homes of some of our dormitory girls. More than a week ago, we sent her to the homes of Sune-gyong and Kongsunie who live ten miles or so from here but away up on the other side of our big mountain. I wrote you about these girls last fall, and how they plead for a place in our dormitory even though they were not Christians, and Sungyengie's mother pleading that it was not their fault as there was not a Christian in their village and no church for ten miles. Finally, I arranged to admit those two girls by sending two of the small Christian girls to board in Korean homes. This new term I admitted Sunegyeng's sister named The Third One. A few Sundays ago, their mother walked in the ten miles to attend services here. As we conversed on the way to church, she told me how very, very grateful her husband was for the opportunities the girls were having. When I asked if he had a "believing mind" she replied, "yes, indeed, on account of his deep gratitude for what in being done for his daughters, he wants to learn the Jesus religion, and at night he and my son read together the Gospel you gave him." I told the Bible woman to stay in their home long enough to teach them the fundamentals of the faith, and also to work in the near-by villages for the girls say they have never heard of a Bible teacher or preacher visiting that section. Recently, Sungyengie and Kongsunie successfully stood the Catechumen examination.

During the past year, eighteen girls were received into the church as Catechumens, and nineteen of the girls by baptism were received into the full membership of the church.

In the summer vacation time, pray especially that the girls will be strong enough to overcome all temptations and be bright and shining witnesses for their Saviour in the midst of dark heathen surroundings.

Yours in His service,

Anna McQueen.

Nashville, Tennessee, July, 1922.

Any letter with five cents postage, or postcard with two cents postage, addressed to Miss Anna McQueen, Kwangju, Chosen, Asia, will reach her in due course of mail.

October 3, 1922.

Kwangju, Chosen, Asia.

Miss Anna McQueen

My dear Friends,

The first month of the fall term of school has ended. It is time for me to see about making out the monthly report of the school for the Japanese government officials. Although you do not require such a report I want informally to give you a little of the school news.

School reopened on September the eighth and that was a very busy, eventful week for me. Besides the arrival of new girls and old girls new teachers (including a Japanese woman) and old teachers, on September the seventh, Miss Graham returned to our home from America and Mrs. M. L. Stearns arrived on the same train from China.

Mrs. Stearns is the donor of our school building and in memory of her sister named the school "Jennie Spear Memorial School for Girls". She is a Northern Presbyterian, and last fall left her home in Seattle to make her home with her son who is a surgeon in the Union Medical College at Tsinan, Shantung, China. Accepting my invitation Mrs. Stearns came to visit the school and now plans to return to China next week.

In our short afternoon chapel exercises, the school girls lead in prayer and every day last spring they prayed for a new school building. Very often definite petitions were made that Mrs. Stearns would be the one to give us a new dormitory. Of course, we believe her coming to Kwangju was in answer to our prayers, and that the time of her visit, just at the opening of school, was providentially arranged. The morning after her arrival, Dr. Bell conducted the opening exercises of the school. He told of his meeting Mrs. Stearns in Asheville, the history of her gift, and the building of the school eleven years ago. Then a speech of thanks was made by Sengunie Lee, one of our graduates. She has been our head teacher and also our music teacher for the last three years. Sengunie is a tall, capable, nice-looking girl and I felt very proud of her as she left her position at the organ, came and stood before Mrs. Stearns and in beautiful Korean, interpreted by Dr, Bell, thanked Mrs. Stearns for the school and all it had accomplished for her and her people. (In parenthesis, I might add that Sengunie has reason to ba truly thankful for if her Christian grandmother had not snatched her from her father's heathen home and brought her to our school, years ago she would have been married into a heathen home to lead the life of a slave to her mother-in-law and husband. Christianity and education have made a wonderful difference In her life. Last June, I was maid of honor when she was married to a young doctor who graduated at the head of his class, and is now taking post-graduate work in Seoul.) Sengunie told of her entering the school at twelve years of age and how at that time all grades studied together in one small room of Mrs. Owen's gate-house. She eloquently told of our great joy and gratitude when we moved into the large Jennie Speer building.

In conclusion, she spoke of the joy and sorrow of seeing today that the school had grown so large in numbers that the building would not accommodate all the pupils who wanted to enter. The chapel was crowded with about two hundred and seventy-five girls, sitting close together on the floor, and quite a number of adults in the rear who had come to matriculate new pupils. It was indeed an impressive scene. When one looked at the faces of the three teachers present who had graduated in the school, and thought of the possibilities that lay in the lives of that crowd of young students, it was easy to heartily agree with Mrs. Stearns in her saying, she had made a "rich investment".

Now, let me tell you of the good news that half of our prayer has been answered [illegible] Mrs. Stearns has offered to give a thousand dollars toward a new dormitory under certain conditions. We need another class building, a heating plant and a laundry. And we need all of these now but our most urgent request is for more room for boarding pupils. To prevent having to send away pupils after they reach here, we are continually announcing that the dormitory is crowded. Despite this, we had to say "no room" to about forty applicants this fall. However, we helped some of the girls make arrangements to board in the village. That is a questionable thing for them to do and besides they miss the advantage and the training of the dormitory.

One day, in great distress, a grandmother came to me saying, "What can I do? Day after day for seven days, I have tried to get Kebogie to return home with me but all in vain. She is determined to study and every time her emphatic reply is, 'Although I beg I will not go back' or 'Although I die I will not return'."

Could you SEND away an earnest child like that who very evidently Is not only seeking an education but is also seeking to know Christ? I went out in a pouring rain and succeeded in renting another room for school girls and now Kebogie, two other girls, and a young married woman are keeping house in that eight by ten room. The young woman entered our school about two years ago saying that her husband had "thrown her away and secured another wife" because she was not educated. That is a custom of new Korea which prevails among the heathen young men.

Today Christians and heathen alike are appealing to us for a Christian education. In whatever way you can, please help us answer their appeal. To "carry on", we need your prayers all the time.

Sincerely yours

Anna McQueen.

Nashville, Tennessee, December, 1922.

Any letter with five cents postage, or postcard with two cents postage, addressed to Miss Anna McQueen, Kwangju, Chosen, Asia, will reach her in due course of mail.

February 22, 1924.

Kwangju, Korea.

My dear home folk,

We have had American mail several times during the last week and I have been so glad to get your letters written Xmas. time. Mamma, the last one I had from you told about Dr. Hill's death. and funeral. I had been hoping that I would see him while at home. It must have been a joy to him that he could preach to the last.

In my recent letters you also told about your trip to Fayetteville and Charlotte. Am glad you could hear Billy Sunday. Was so interested in hearing about the radio.

My brown dress came today and All of us like it so much. It is a lovely dress. I have asked for the Chimo Monday for the sleeves have to be shortened and the skirt shortened also but with those exceptions it is just right.

I am to sail two months today, April 22, and so after getting this it may be you will not have time to get me another letter before I leave Japan. Sometimes letters come in about three weeks and I think you will have time to send one to Yokohama. The following is the way the steamship co. ask that letters be addressed: Miss Anna McQueen,

Passenger on Board Paul Lecat,

(For Marseilles)

Care of cie des Messageries Maritimes

Yokohama, Japan.

In the same way please send me a letter, note or post card to Port Said, Egypt and at Cairo address me care of Y.W.C.A. and at Jerusalem, care of American Community House. We plan to go to Palestine first and then come back and see something of Egypt. We sail from Alexandria on S.S. "Sphinx" June 13th and that might be a better address than Cairo. I ought to get the mail you send in care of steamship co, but the other is more doubtful. I surely ought to get what you send to Marseilles (or Paris) in care of the Co.

Am due to arrive Marseilles June 15 and address me:

Name

Passenger on Board S.S. Sphinx

(For Marseilles)

Care of cie des messageries Maritimes

Marseilles, France.

I expect to be in Paris just before leaving the continent and the same company's address there is 8 bis Rue 'Vignon but then I am not sure that I can get mail there-you might risk an unimportant note, saying "Destroy if not called for before Aug. First I hope to get to Rome and while I do not know where I will stop you might send me a card there care of the hotel recommended in Woman Home Companion-Hotel Angleterre.

If any of you decide to meet me in Europe I suppose I will hear before I leave this country or you will advise me by letter(or person) in Marseilles. Our present plan is to go to Italy, then Switzerland, and Paris etc. I will enclose a letter I received from my fourth cabin-mate today and perhaps send you some other news about THE TRIP that you may be interested in -that is schedule etc.

Ella is expecting Miss Coit to come back here tonight and make her a week's visit.

Last week we had a Valentine house party.

[Anna McQueen]
[2/22/1924 - page 2]

The younger set got up the party. Our guests were Misses Hopper, Newman, and Fontaine. Miss Hughes was with Georgia and Messrs. Boyer and Swicord with Charlie Wilson. All the station were here for the Valentine party Friday night. Our rooms were prettily decorated-mostly in hearts-and the party was quite a success. We played several appropriate games. Refreshments were strawberry ice-cream(colored) small cakes and candy-homemade. Some of the ladies had Mrs.Swinehart's widows to make some towels for Dr. Levie to use in his work and they were placed in a large red, heart-shaped box and at the party Ella presented them by reciting the enclosed poem which Miriam wrote.

Our guests left early Monday morning-they came on Friday.

It is time for me to stop for it is after ten P.M.
With much love,
Anna[친필 서명]

Schedule of Voyage of S.S. Paul Lecat.

Yokohama arrives April 25. And stays about 2 days.
Shanghai sails May 1 After stay of about 2 days
Hongkong sails May 4 After stay of about 2 days.
Saigon sails May 10 After stay of about three days.
Singapore sails May 12 After stay about twelve hours.
Colombo arrives May 18 And stays about sixteen hours.
Djibouti arrives May 26 And stays about twelve hours.
Suez arrives May 30 and stays about three hours.
Port Said arrives May 31 And stays about ten hours.
Marseilles arrives June 5th.

"These particulars are only given as an approximate draft of the proposed voyage."

March 15, 1924.

Kwangju, Korea.

My dear home folk,

My sixth grade meets tonight to practice for their class play but before I go to see it I am going to start my letter to you.

I wrote the above Saturday night and now it is Tuesday night. The play was entirely too long and we must make them shorten it this week. The girls are going to charge fifteen cents admission for adults and seven and a half cents for students and thus make some money to buy science equipment for we have none. It is the first time we have had anything of the kind to make money and this requires some red tape -police permission, etc.

Irene, my dresses came today, and both are just what I need and wanted. You all certainly have done wonderfully well in your selections for me and I appreciate so much the time and trouble you must have spent in getting for me the proper things. Everything you have sent has been such good quality, durable, serviceable and evidently new and stylish. I appreciate your making the muslin dress for me, and I know I will wear it time and time and again and think of your love and thoughtfulness in giving me such a very useful present. It was also good of you to put in the extra collar and cuff sets, the veil, and such nice shields etc. I am especially delighted that you thought to put in the gauze and crepe things for I realized afterwards that they should have been in my order. I am planning to travel with nothing but a suit case through Europe shipping my trunk from Marseilles to Glasgow-and so anything that helps me to travel light is much appreciated. You are surely right about that silk travelling dress being just the thing for such a trip-it is light and wont rumple and it is nice and simple. I had the sewing woman here today and she turned up the hem-it was all right except that the belt straps needed moving. I tried on the muslin dress very hurriedly and it seemed to fit all right, too. It is certainly nice to get things already made for while our sewing-woman does remarkably well it is difficult for me to give time to directing her. Today, I had to rush to her as I could spare a few minutes from the important business of discussing where and how to build our new school buildings. No, we have no money for them but we want to get some general plans under way and definite plans may be a help in securing the money.

Yesterday, amid much stir Ella and Elise got off for Mokpo to teach in the ten days class there. By nine o'clock I had to have my room ready to receive Miss Hopper and Miss Fontaine came on the eleven o'clock train-after Ella left they were transferred to her room across the hall. Both came for dental work but Miss Hopper is on the Committee to get up plans for our school bldgs. Dr. Timmons, formerly an architect, came from Chunju to help us as he is on Committee, too, and we at least got something started today.

Georgia had us with her for dinner today and she is spending the night with us. Miss Hopper left after supper.

Mrs. Newland has had pleurisy for more than a week. Her little baby is unusually sweet and pretty.

I meant to tell you first of all that we had

[Anna McQueen
3/15/1924 - page 2]

Advanced our sailing and are going on the "Angkor" which is now scheduled to leave Kobe April the seventeenth. That time suits me exactly for I wanted to be here the first part of April to help Margaret get the new school year started, and now that we find the Angkor's sailing has been delayed from the eighth to the seventeenth we have decided to go on it. It is not as luxurious a boat as the Paul Lecat but I am so glad I can start earlier and get home earlier. We have asked for passage to be reserved for us from Glasgow about July the fifteenth but of course I can not tell yet just when I will get one for we will not know our exact date of sailing until we get to Europe.

We are getting ready for Commencement now. It will be March 26 and we open school April the second, so I have some busy days ahead of me.

Wednesday- Irene, I tried on the muslin dress properly today and know now that it fits just fine-everybody wants it so I said I would have to keep it under lock and key. Chimo has made me a pongee dress today-simple style. I saw in Cook's book that it would be well to have a divided skirt to ride on donkeys in Jerusalem and so got some cheap khaki to make skirt and knickers and when I went to get pongee for blouse decided I would take the Chinaman's remnant and make a dress. That is the only dress I will make.

With much love to all of you and eagerly looking forward to seeing you soon.

Devoted yours,
Anna[친필 서명]

Friday, April 18, 1924.

Kobe, Japan.

My dear home folk,

Yes, I am this far on my way home and some time the thought comes of how nice it would be if I were going the quickest way home.

I left Kwangju Tuesday morning at seven A.M. Ella was with me for about two hours of the way and then got off the train to go to some of her country churches on a three weeks trip. I traveled all day reaching Fusan about seven P.M. and got on the ferry boat at 8-30. We were due in Shimoseki, Japan at seven A.M. but on account of fog did not get in until 9-40. The express was due to leave at 9-45 and I think by running some of the men made it but I had already planned to break my trip by spending the day in Shimonoseki. After seeing about my baggage, customs etc. I took a ricksha and went to the N&P. Girls school on the hill. I thought very likely I would want to send some of my girls to that school some day and so while I had the opportunity I wanted to see it for myself, and also I am interested in seeing school buildings now as I will have to help get up some plan for our next class building. Mrs. Curtiss came and showed me over the school and before I was aware of it my ricksha had been dismissed and word sent by Mrs. Curtiss to her cook that I would be there for lunch. Mr. and Mrs. Curtiss used to work among the

Japanese in Korea and often stopped with the missionaries in Kwangju but, as I told her, I had left my hand baggage at the hotel and expected to go back there. She kept me for lunch and dinner(six o' clock) and then about eight I went back by ricksha for my train. It rained all day and I enjoyed spending most of my time in their attractive home. In the afternoon I went over to the school again and tried to draw a sketch of the building. By the way, as I have probably told you years ago, Mrs. Curtiss is the daughter of the renowned minister Dr. A. T. Pearson.

I had written to the Pleasanton Hotel to have some one at the station to meet me and so the clerk, a nice little Japanese man, was there and we walked to the hotel together. We stopped a long time on the way to see a wonderful Shinto procession. I enjoyed watching the strange sights but as there seemed to be no end to the procession finally suggested that we go on to the hotel.---As I was writing the above and wondering if I ought to dress and go out and see if I could watch the procession coming back-lo, it began passing my window and so I have stopped and gazed outside for fifteen minutes or longer. The clerk told me yesterday that the hundreds of people in it, young and old would go miles and miles, every street in the city and return this afternoon. There were lots of children about five years of age highly painted, and elaborately bedecked, in rickshas gaily decorated with artificial cherry blossoms etc, and yesterday behind every child, in another ricsha, was the mother out on the return awhile ago some of the mothers had the babies in their arms. The priests were on horses.

The large majority walked and carried heavy banners, lanterns etc. and some had to dance as they went along the way but there were resting place where they mop the perspiration off their faces.

Coming from the country as I do, I did not even realise that Sunday was Easter and today was Good Friday. And, even if I had realized it, I would not have known that because this was Good Friday all the foreign offices, banks, consulates, etc. would be closed on account of its being "legal holiday". My boat does not leave until four P.M. so I can easily get the Consult visas on my passport in the morning and fortunately all the places I have to go to in the morning are conveniently situated. I had expected to visit the Woman's College of the

[Anna McQueen
4/18/1924 - page 2]

Episcopal church today but I decided this morning it would not do to go there and ask for a sight-see on Good Friday, and since then I have heard that some of the schools have had holiday all the week.

I came here a little earlier than it was really necessary but I did not want to rushed for time about my final arrangements, and I wanted a little time to write to you and get some rest before starting out on the Yellow Sea. Of course my last days at home were strenuous ones. There are always last things to do no matter how early you start. I did nearly all my packing early so that I would have time to be polite to Koreans and others when they came to say good-bye, and it was well that I did for callers took practically all my time the last afternoon and the last night.

Mamma, I appreciated so much the presents that were given me for you. On Commencement Day, Mrs. Takoa, a new Japanese teacher, gave me a little silk cushion for you to rest your elbow on-saying that if American did not use cushions for their elbow like the Japanese you could use it for your head on a chair. Seitchai emini gave me a fan all wrapped up with your name on it and the matron gave me a silver ring to take to you, and quite a number of them sent especial greetings to you. And, I must tell you that one old woman said you were going to be distressed to see me looking so much older. I told Sarah Louise I must write and prepares you for the fact that I had added some wrinkles and was older and she said, "Well, at any rate, you look better(meaning healthier) than you did when you left America."

There is a long mirror in the wardrobe of this room and I have observed that my new hat, coat, silk dress, and shoes look very nice and trim now but I cannot promise you how they will look when I reach N.C.

Miss Lindsay of Canada came to call on me yesterday afternoon and I formed a good Impression of her. We are to go to steamer together tomorrow and be in the cabin together until Misses Coit and Kestler join us at Shanghai.

Florence and Will, my shoes, bedroom slippers and hose [illegible] good condition and glad I was to get everything on time and [illegible] without duty. Will, I appreciate your tying up the packages for [illegible] I am thanking you for your help may I ask you for more. I am [illegible] a letter I have written for certificates to get reduced rates on [illegible] railroad and will you please address and send to the proper place, and by [illegible] a note yourself, perhaps, they will send you the certificates and early in July you can mail to me care of the Biblical Seminary, 541 Lexington, Ave. New York. I think that a safer address to give than a hotel and please put on the envelop something like, "Please keep until called for". Most of my mail can wait for until I get home but the family might send me a little in care of 541.

I must stop now as I have a little more writing to do and must pack my suit case again. Wonder when I will ever get through packing. I am not taking but one trunk-my largest steamer and plan to just have one suit-case when I tour Palestine and Europe.

I will write you en route as I can and save my letters for though it may not seem worth while I have not a good memory and may want them later to recall things.

With much love to each and every one of you,

Anna[친필서명]

October 27, 1924.

**Assembly's Training School,
Richmond, Virginia.**

Anna McQueen[친필 서명]

My dear Friends,

It has been a long time since I have written to you collectively.

I left Kwangju April fifteenth and a few days later sailed from Kobe, Japan, on a French steamer. My companions were Misses Lindsay, Keatler and Coit. En route we stopped at the following ports: Shanghai, Hongkong, Saigon, Singapore, Colombo, and Djibouti, Africa. We left the boat at Port Said and spent five days in Palestine and one in Cairo. We wished for more time but since we toured Palestine in a Hudson car we managed to see the principal places. For instance, we left Jerusalem at six A. M. one morning and after spending a while in the Garden of Gethsemane went to the Dead Sea, the Jordan river and Jerinho. Returning at eleven, we got our baggage and reached Tiberias and the lake of Galilee about sunset that evening. At one o'clock we rested and ate our lunch at Jacob's well. The water was cold and refreshing. A woman with a water-pot on her head came to draw water while we were there and she let us take her picture. We stopped awhile in Nazareth that afternoon and again the next day on the way to Haifa. I was not one bit disappointed in Palestine and seeing the Holy Land was well worth the long trip home. But, besides that, I had five weeks of delightful sightseeing in Europe.

I'll return to Rowland after my two months of Bible study here. I am enjoying this fine opportunity to study even though my time and thought must be divided between Bible study and publicity work in the interest of equipment for my school. The young people of our whole church are asked by the Equipment Fund Committee to give an offering for the Kwangju Girls' School on December 14th. Will you do all that you can to help interest the young people and adults, too, in this offering? I am sending you a leaflet which I want you to read and then pass on to some one who will have it read by sections to the young people.

Thanking you for any cooperation that you can give,
Sincerely yours,

Anna McQueen.

Nashville, Tennessee, November, 1924.

October 27, 1924.

Assembly's Training School,
Richmond, Virginia,

To the Ministers Of Fayetteville Presbytery:

Dear Friends,

I was glad to hear that the Stewardship Committee of Fayetteville Presbytery recommended that all the churches in the Presbytery give their equipment offering, December 14th, for the Kwangju Girls' School. Since then I have learned that the Assembly's Committee has assigned other causes to your churches.

However, the Assembly's Stewardship Committee has asked that ALL THE YOUNG PEOPLE SOCIETIES throughout our whole church give their offering on December 14th, for the consolidated girls' high school at Kwangju. I am writing to ask that you will please do all that you can to interest the young people of your church in this offering. I will ask the Foreign Mission Committee to enclose you two or more copies of a leaflet I wrote about the school. Please give one of the leaflets to some interested person who will have it read by the sections in the young people's society. In the church papers we are publishing every week short stories which we hope the young people will use in their weekly programs.

Thanking you for any cooperation that you can give,

Sincerely yours,

Anna McQueen.

September 14, 1925.

Kwangju, Korea.

My dear home friends,

The weather was cold and foggy but I am thankful to say the sea was smooth and so I had a god trip across the Pacific. I had never traveled first class before on a boat as nice as the Canada. However, the Chinese crew was on strike and the service of a motley, temporary crew could not be called good.

I was concerned about the safety of my jewels-that is to say, my new supply of handkerchiefs and other shower presents but was relieved to learn that my "cabin boy" was an English lady, a missionary and principal of a girls' school in China. Quite a number of missionaries when ordered by the Consuls from their stations substituted for the Chinese strikers and worked their way to America. Some went for the employment and sightseeing and were on the return trip of the same boat, hoping that they would be allowed to go back to their stations.

On Aug. 22nd., I arrived in Kwangju. According to their custom a crowd of the Korean Christians were at the station to meet me, and my first days at home were given up to receiving Korean callers. I was impressed [illegible] with the fact of the Koreans being so cordial and nice to us foreigners. Truly, our lines have fallen in pleasant places.

School began September the second and now I am settled down to regular work. I was delighted to learn that the Mission meeting in June granted my request and relieved me of the responsibility of being principal of the school. Miss Margaret Martin who had charge in my absence will continue as principal until her furlough next year. My assignment reads "Head of the Religious Department of the Girls' School." That means teaching Bible and the supervision of the Bible course in the grades I do not teach; superintendence of the chapel hour; personal work with girls and visitations in their homes; superintendence of the Girls' C.E. Society and their large Sunday school work and anything else connected with the religious side of the school. After so many years of the executive work, and the strain of multitudinous details, it is a great joy to be able now to give all my time to the phase of the work I have liked best.

We have daily Bible study in all ten grades. I am teaching three high school classes and in one class am enjoying trying Dr. Turnbull's method of teaching Genesis.

I want you to know about my work, problems and plans and I hope that thereby you will remember me the more definitely in your prayers. One of my first problems was what to do with Hiyengie and Oon-tek, who have been my protogees for the past six years. Possibly you would be interested to know that in Korea you can change your name any time you so desire. Oon-tek's name used to be So-tek(pronounced X "Sodagie". She fell and broke her arm. An operation and the use of silver wire was necessary and for months she had awful suffering in the hospital. At that time her school friends told her she was the recipient of so much blessing(in that she had me to pay the bills) that her name ought to be changed from Little Blessing to Grace and Blessing or Oon-tek and so while in the hospital she changed her name.

These two [girls] graduated form the lower school last year which was all the education [illegible] planned for them. The Koreans advised my marrying them off but I [illegible] that and let them have another year in school. This summer Oon-tek [illegible] fine work teaching [illegible] school and a right school in a village six [illegible] from here. By [illegible] auto that looked like the one horse [illegible] I [illegible] to [see her school] and further on to see [ahiyengie] also. I wanted Oon-tek [illegible] says [illegible] on which would at least pay her board and was glad [illegible] Mrs. [illegible_2] her [illegible] little school in her district [illegible] the city. Now, she is self-supporting as she is getting a salary of $4.25 per month.

When [consulted Elder Cho] about husbands for the two girls [replied, Yes, I] travel all over Mr. [illegible] field and [have a good] opportunity [illegible_?] husbands but this is not the [season]. You will probably have to wait [until the first of the year when the marriage season begins, I did not want to rush] matters and I can't change the [illegible] so we are just waiting until the Koreans' young man's fancy <u>lightly</u> turns to thoughts of [love but] [illegible], helping to select husbands [is a big responsibility and] [illegible] you pray that we will be given wisdom.

At present, I am finding [Hiyengie] [illegible] valuable assistant with my Korean written work [illegible] writing etc. After a few weeks when this season of the children's frightening the [birds] from the [ilegible] fields [it] over. [She] will begin a reading class for girls in [Pan-cho-kan]. [We] began Sunday-school work in that village and the neighboring one. [On-chang], two years ago. There [illegible] are [illegible] women who are [illegible] earnest in trying to understand and believe the Jesus words. Please pray for them, especially the blind woman eighty years old.

[illegible_sentence] to this effect. I have heard of the great need of [illegible] girls' school [illegible] at Kwangju and have [child] [illegible] pray [illegible_2] is until [illegible] have the [illegible_2]. I con[illegible] I was [illegible] to [illegible_?] [report] to the school girls who [illegible]two years have been praying [so] faithfully [for] that building. I wish I could tell [illegible_sentence] first chapel talk to the girls and the book prayer and Missions which [illegible] Miss Carris Lee [Campbell sent me was a great help. My] [illegible_?] [I showed the girls year] [illegible_5] take courage and that [illegible_?] prayer they [asked] me to thank you and [illegible] you their greetings. I hope everyone of my friends will covenant to pray for the high school building and equipment and I believe the answer will come.

Sincerely, your friends,
Anna McQueen.[친필서명]

Address Miss Anna McQueen, Gwangju Korea.

August 19, 1926.

Camp Graham.

Anna McQueen[친필 서명]

My dear Friends,

I have been here on the mountain top about five weeks. We plan to go back to our work in the valley a week from today. Two years ago Mrs. C. E. Graham gave the Korea Mission $10,000 to use in leasing this Chidy mountain property and in developing a summer retreat for the missionaries. With part of this fund the Association built several five hundred dollar cabins and this summer, Mrs. Bell, William Bell and I are renting one of them.

The camp is in a beautiful situation. I wish you could see our lovely surroundings. When I am out for a hike I can almost forget that I am in Korea for the scenery is very much like that of Western North Carolina. We are living at an altitude of 5500 feet so the air is cool and very bracing. It is too cool for me today, and close by me is half of a Standard oil tin, and in it the remnant of the charcoal fire over which our breakfast was cooked. It is wonderful how well our cook can get up a meal over that tin of charcoal.

We spent most of our time studying in preparation for our Bible teaching of the fall and winter. I have also had the pleasure of reading a number of good books. Yesterday, I finished reading "Christ of the Indian Boat", and I'll recommend it to you if you want to read an interesting missionary book. However, I believe you will agree with me that in the last chapter the author takes too liberal a view of the heathen religions and seems too ready to compromise.

There are lovely walks nearby and hiking is our favorite exercise. We have had picnics on Sunset Peak, the Lions Head, and the Flowery Trail, and cooked breakfast on the top of the Ridge. Wild flowers bloom here in great profusion. Mr. Cumming wanted several collections of all the wild flowers for our schools and after offering prizes the children of the camp brought him eighty varieties. Since the contest some other varieties have begun to bloom. He has also collected some snakes in bottles! I hope this winter we can get some stuffed birds, ¬wild pheasants, cranes etc. ¬ for our show¬room because these Eastern people consider such school equipment of prime importance.

Have you heard the good news about our Kwangju Girls' School? Has it been announced in America? On July the ninth I had a cablegram from Mrs. Winsborough containing the one world "Successful". My heart has been rejoicing ever since for that one word conveyed the news that the Auxiliary had decided to give their birthday offering next year to our Girls' School. I know that those of you who have been our colaborers in prayer are now rejoicing with us in this answer from God. We had closed school July seventh but on the following Monday morning, the teachers, day pupils and several Alumnas met together for a praise service. For three years in chapel continual prayer had been offered for equipment funds and it was with glad hearts we thanked our Father for hearing and answering our prayers. You see with the women of the Church back of our school we are confident now that the equipment funds are assured! However, we must keep on praying, and won't you pray with us that in their birthday offerings next May the Auxiliaries will "go over the top".

When Miss Martin left for furlough the first of June I had to take charge of the school executive work again. I was afraid I might have to continue as principal this next year but at the annual meeting of the Mission my preference were considered, and the problem solved by appointing Mr. Cumming principal and me dean. On account of shortage of workers he will continue to live in Mokpo, fifty miles away. But, there is a good train schedule and he plans to give two days of the week to the Girls' School in Kwangju. It is splendid that we can have a good school man at the head of the school now that now buildings must be planned and erected. Then, too, a man is needed for the difficult and important diplomatic dealings with the government officials. I am gald that this arrangement will leave me more time for the evangelistic phase of the work. Please pray that I'll be given wisdom and power in my personal contacts with the girls and teachers. We have had one of our own graduates for Bible teacher in the lower grades and dormitory supervisor. But, she married and now this fall I must train for that work a new teacher from the North.

And also, please continue to pray for our Sunday-school work in the villages of Ou Chang and Palm-Chone. These villages are close together and I have been helping in the work of both of them. In Ou-Chang there is an old blind grandmother who I believe is a true Christian and ready for baptism. The other women, however, seem to have lost their first interest and appear indifferent, In Palm-Chone where our school matron has been the chief worker, besides the children ten to fifteen women attend regularly. Some of these say they believe and very earnestly try to learn the simple lessons we teach them. It is encouraging to see several of them come to the afternoon church services in Yongnim. On account of their poverty and the usual village custom of helping one another in turn with field work etc., their greatest temptation is to work on Sunday. They are babes in Christ and as yet have not grown enough to overcome the temptation of their heathen surroundings.

One of the men of the village has been attending church services regularly for several months. He is talking about cutting off his top-knot of hair and that will signify that he is an out-and-out Christian. In this new believer's home, Mr. Yune, a teacher of our Girls' School, has started a S. S. class for men and boys. One of our bright faced little girls is called by her family and the village folk Kang-ab-chi or Puppy. They laugh when I insist she be called by her name which is Poke-soonie or Pleasant Blessing. May the parents of Pleasant Blessing and the parents of the other children soon have the light of the knowledge of Christ in their hearts. And may the children soon be given an opportunity to attend our Christian schools.

I am wanting now to get back to my work, but no doubt when

the hot steamy days of rainy season come next year, then this song we have been singing will have a strong appeal. The tune is "Carry me back to Ole Virginia".

"Carry me up to lovely Chidy,
There's where the balsom and the birch and maples grow,
There's where the clouds flow in mystic glory round us,
There's where we learn our Father's loving care to know.
There's where we walk with the bluebells and lilies,
And mossy rocks rest our tired minds and hearts,
Nowhere are stars quite so friendly above us,
Nowhere the evening so grand when day departs."

Yours in His service,
Anna McQueen [친필 서명]

Nashville, Tennessee, October, 1926.
Address: Miss Anna McQueen, Kwangju, Korea.
Postage: Letters five cents, postcards two cents.

August 11, 1927.

Kwangju, Korea.

Anna McQueen [친필 서명]

My dear Friends,

This summer to escape the sweltering heat, for three weeks, I am on our big Kwangju mountain "Mooden-san". We are 3000 feet high: The name Mooden-san means "the mountain with out a rival" but for short we just say "Moodie".

Several days past we have been living amid encircling clouds and they dampened our spirit somewhat, but today is glorious. About sunrise I went out on some high rocks taking with me Dr. Jowett's devotional studies "Life in the Heights". But I found that I did not need a book, for the scene before me told of God in a sublimer way than any man could do. As I watched the sea of clouds continually over the valley and mountains below, I thought surely in Switzerland or nowhere else in the world had I seen anything more beautiful. I am truly grateful than Korea is such a lovely country.

One thing I like about Moodie is that there are so many nice, shady nooks among the rocks where one can find a quiet retreat to study without interruptions. I am in my favorite cave-like place now. When I look up I can see a vast panorama of hills, mountains, rivers, valleys and in the distant horizon the sea and mountains at Mokpo, sixty mile away.

Our prayers have been answered. July the twenty-third a cablegram came from Mrs. Winsborough saying "Birthday Offering $50,000". Of course, we had been expecting great things from that offering but now it is splendid to really know. We can go ahead with assurance in planning equipment for the school. Feeling confident that the offering would be sufficient for the classroom building of the High School, the erection of that building was begun this summer under the supervision of Mr. Swinehart and Mr. Cumming. A letter today tells me that they are putting on the roof timbers: I'll be glad to get back next week and again have the pleasure of watching the progress made day by day.

The building is made of red brick and the window facings are of stone and the site is a lovely one of a low hill. At the meeting of the Mission it was decided to name this building "Winsborough Hall" which is very fitting, don't you think? It will be the nicest building of our Mission, and a credit to Mrs. Winsborough and you women of the Auxiliary.

Last month Mrs. Pilley Kim Choi returned from America to Kwangju. The new building and equipment, together with her prestige as a Korean teacher with a degree from Columbia University, will attract more pupils and give a new impetus to the school. The enrollment has been decreasing the last few years because the school is not recognized by the government.

The birthday offering provides the most essential things towards securing recognition. But at the same time the government officials must be won over to see and acknowledge the worth of the school. Japanese officials are not easy to win and it may take longer than we first thought, but "nothing is impossible with God." Please join us in praying that they will soon give the school the desired recognition.

I must not make this letter any longer for I am enclosing notes about some of the school girls that I want you to read, too.

American letters surely look good on this side of the world: With a heart full of gratitude for the Birthday Offering,

As ever your friend,

Anna McQueen [친필 서명]

September, 1927.

The Girls' Circle in Mooresville, North Carolina, has asked for the names of twenty-four Kwangju school girls. I am sending you a copy of the list hoping that you, too, will pray for these girls and that you can interest certain girls in your church to pray by name for at least one of them.

Fourth year class - High School -

1. Chu Hyeng-soon - President of C. E. Society and acting president of student body. She is a bright, earnest, ambitious girl. Pray that after her graduation next March, she will be able to study one year in the Golden Castle School, Natoya, Japan, and thus get "qualification" to teach. Her father is an itinerant preacher on Mission salary of ten dollars per month.

2. Chang He-soonie -She is secretary and organist in the Sunday-school of which her father is Superintendent. She is our most advanced pupil in piano, pray that she will be able to continue her musical education and become a music teacher.

3. Yan Samsengie - Since her father, Deacon Yang, became a Christian and gave up his trade of painting idols, he has had a hard time financially. Pray that samsengie after graduation will be able to get a paying position - or else a suitable husband.

Third year class -

1. Pak Yengminie - made the highest grade in school last year. Her father is dead - mother is a Christian but two brothers are morphine fiends and have gambled away everything. Yengminie is bravely trying to work her way through school. She earns three dollars per month as Mrs. Swinehart's industrial assistant and that pays her board. Pray that the economic struggle will not be too hard for her and that she will develop spiritually.

2. Kim Hyen-soonie - Her father, Rev. C. G. Kim, is pastor of our largest church in Kwangju. The daughter is a sweet, lovely girl - a credit to her fine parents. She quickly won the hearts of her pupils in the D. V. B. school this summer. Pray that she, too, can have a post-graduate year at Golden Castle and become a licensed teacher.

3. Kim Un-Yoe, a very bright little girl from the Soonchun territory - father non-Christian.

4. Pak Kyengoha - daughter of the hospital bookkeeper. A capable girl but her health is poor so pray that she will develop physically and spiritually.

5. Cheng Ma-di-a (or Mary) another good teacher but I wish that she too, were more spiritually-minded.

6. Peyn Me-hee - Her father was Dr. Bell's language teacher and helped him open the work in Mokpo and Kwangju. He is now the home missionary of the girls' school, working among the men in six non-Christian villages. Me-hee does excellent work among the women and children in three of the villages. Pray that Me-hee will be able to get a teacher's license so that she can support her parents - Her father is old and should be retired on a pension but, of course the Mission is not able to give pensions.

7. Ha Yensie is from the island of Cheiju - the home mission field of the Korean native Church - Yensie is trying to decide the question this summer as to whether or not she wants to be a minister's wife.

Second Year Class -

1. See Pongnim - Entered our school last April, a year ago, and made the second highest average in the whole school. She is from a county called "Glory" but her people are all non-Christians. Pray that Pongnimie will be the means of leading her family to her saviour. Also pray that she will be financially able to continue in school until she finishes. Her father is willing for her to study but her brother who is now in control of the house is trying to

stop her from school. He wants all the money for his boys. True, "she is nothing but a little girl" but an unusually bright and attractive one - well worth educating.

2. Kim Yang-yae, A suitable husband is what she needs.

3. Nam Tongai - father a non-Christian.

4. Pak Moonsim - father a non-Christian. She is afraid her father will stop her from school

5. Kang Pyeng-soonie is from the island of Cheiju. She used to be a skillful diver for sea weed. Pray that she will not develop any mental or nervous disease, and will have good health. School work would be easy if every girl there is faithful and reliable as pyeng-soonie.

I fear this list is growing too lengthy so now will just mention the names of some of the girls in the first year high school and a few girls in the sixth year - or graduating class of the lower school.

First year class -

1. Cho Anna - 2. Kim Chaisue - 3. Kim Hyen-yae - 4. Cheng hyengsook 5. Chong-[illegible]ul - new girl and a non-Christian, 6. Myeng-chee, a new girl and a non-Christian, 7. Pak Senh-yae from island of Whando.

Sixth year class -

1. Chang Poke soonie - an orphan.

2. Pai Unhay - Unhay and Chu Hyengsoonie have been partially supported in school for three years by a Sunday school class in America but this year the checks have ceased to come. Pray that from some source help will come for them in this their graduating year. When Unhay's mother brought her to the school several years ago she said. "I am going to keep her here until she is old enough to marry a Christian if I have to steal to do it. I don't want her father to marry her off to a heathen as he married her sister when she was just a little thing." I said, "But what do you mean about 'stealing'?" She replied, "Well, every day when I get out rice for the family I am going to put the little that Unhay (Patience) would eat in a vessel and when I accumulate enough I will bring it here for her. Her father would not consent to my bringing money but he won't say anything about my bringing the rice." Soon Patience was able to earn about half of her rice and when the news came a few months later that her mother was dead we managed to keep her on in the school. This summer vacation she is earning her own rice making butterflies (motifs) for if she went home her people would make her life unbearable trying to force her into a heathen marriage. She is a fine, lovable, merry girl and deserves

a good Christian husband - when she finishes school.

With the exception of the two new girls I mentioned, and Pongnim and Yonsil who are Catechumens, the rest of the girls are baptized Christians. Pray that they will be strong Christian leaders. "More things are wrought by prayer than this world dreams of." And please pray for me, too.

Yours in His service,
Anna McQueen[친필 서명]

P. S. Since writing the above a go-between has come asking me to engage Unhay to a young Christian Boy. The main attraction is the nice mother-in-law in that home but I have not said yes or no. I do so want Unhay to have part of the high school course, if not all of it, and she is rather young to marry. I hope that family will not insist on an answer while I continue my attitude of "watchful waiting" for help from America.

Nashville, Tennesses, September, 1927

Address: Miss Anna McQueen, Kwangju, Korea.
Postage: Letters five cents, postcards three cents.

April 4, 1929.

Kwangju, Korea.

My dear Home-Folk and Friends,

I am home for the Week-end between country trips. Please pardon my trying to save time by writing to you all together.

Let me tell you about our last trip. We left Monday noon by auto jitney for railroad junction. "we" includes my Bible woman, Poke-jo Kim and Yangchai who is our "outside man" at home but my cook and load coolie in the country. Our auto tickets for ten mile ride were seventeen and a half cents apiece. For fourteen cents apiece we bought third class railroad tickets to Yungpo. There again we piled bag and baggage into a jitney and drove South until I spied a group of Christians by the roadside and realized we had reached our journey's end. Some of them had been standing there in the freezing cold for hours waiting to give us a warm reception. After their cordial greetings and a short walk we arrived at the elder's house. I was asked to sit on the hot spot (which is just above the firing place underneath the floor) and after some polite refusals finally accepted the honor. Small round tables, a foot high, heaped up with food were brought in and distributed among the twenty or more guests.. The day before was Korean New Year's Day, the biggest feast day of the year for Korean and Chinese. On such occasions as I eat I wish I could believe that the germ theory had been exploded.

That evening and every evening my Bible woman "preached" to the non-Christians. She has a good speaking and singing voice tells a story very vividly and speaks in such a clear, simple way that the women (and men too) like to listen to her. Our audiences at that first church, Sin-chang-nee, varied from about one hundred to one hundred and fifty women and children with a few men in the rear listening in though her message was always given to the women and so the most ignorant of them could understand. The next morning we began our five day Bible class for the Christian women and it was well attended despite bitter cold weather and no adequate way of heating the church. There was snow on the ground for several days but it did not keep women from two churches three or more miles distant from walking over to attend the Bible Study classes. I was sorry they did not have nice galoshes like mine instead of rubber pumps an inch or two high - made out of old automobile tires.

In the afternoons we met at the church and after prayer divided into groups of twos and threes to go to the near-by villages for personal work. This house to house visitation is very interesting for of course every little home and every individual is different and perhaps in the next house or in the next we may meet someone like Nicodemus who is sincerely seeking the way of life. In the village of Toke-chang-kole, two miles from the church, I asked a woman on the street if she had ever heard the Jesus words and at once she replied, "No, but I want to hear them." We arranged for an extension Sunday

School to be held in that village and please pray that Mrs. Kang and the young people will be faithful in keeping it going.

Mrs. Kang, Mrs. No and "the sister who dyes" are a trio of old women who preach and pray and go together. Like David they express their joy in the Lord by singing praises and dancing as they sing. Their dance is a very simple folk dance. They accompanied us to the Sandong church on Sunday and then to the Sinchone church on Monday. To give us a good send-off seven women walked with us the four miles to Sinchone and I was distressed when they all decided to spend the night. The old women were too tired after their much walking and much dancing to return. The church was a weak one so one deacon had to provide nearly all the meals. However, these people, like the early Christians, seem to believe in having all things in common and sharing with one another.

Two days later we went to Pongchang. Our first day there, according to non-Christians was evil spirits' day and if you work on that day the evil spirits will get you. Not being able to work the village people came out in full force to attend the Wednesday evening meeting and the house was filled to overflowing. To make room for adults the deacon announced to the boys, "All who do not want stay and listen quietly for three hours please go home now." so a number of them departed. Every day of the New Year holidays has a special name. One Sabbath was called snake day. During the coming year to keep snakes away from their wells and premises, Chinese characters were pasted upside down on the gate posts, the well curbs and on the pillars of every house in the yard. And on snake day you must not go to the well to draw any water.

By chance - no, by the leading of Providence - one day on a narrow street of the village I began talking to a bright faced boy and discovered that although he could talk some he could not hear. He is about thirteen years old and has been deaf since he was seven. I persuaded his mother to bring him in for examination and Dr. Choi removed his bad tonsils and adenoids but could not restore his hearing. Mrs. Knox said the child was fine in lip reading and offered to teach him to read. It is going to be difficult for his parents to advance his month's supply of rice or millet but they have promised to do it and are very, very grateful for the interest we have shown in him. Please pray for this deaf child, Soon-agie, and that he and his parents will soon be trusting in Christ as their Saviour.

And please pray for Poke-jo Kim and me as we go in and out among the churches this Spring exhorting the disciples to continue steadfast in the faith.

with best wishes for each one of you,

Anna McQueen.[필기체 서명]

Received at Nashville, Tennessee, April 27, 1929.

Address: Miss Anna McQueen, Kwano ju, Korea.

Postage: Letters five cents, postcards three cents.

October 16, 1931.

Somewhere in Korea.

My dear Friends,

My Bible woman and I are sitting in a wayside loafing house waiting for a service car to come by and take us into Kwangju, 25 miles away.

I want to tell you about the country churches we have visited since my return to Korea in September and ask you to cooperate with us in prayer for them.

The head man in Mah-san and the young teacher of the village sent a message last year to Helper Choi asking for Christian work to be started in their village. This fall they invited Pokejo Kim and me to come on September twenty-fourth, "the birthday of their church". On the same date last year, Helper Pak began assisting Helper Choi in a series of evangelistic meetings. Once while staying in the home of Helper Pak he told me of his former wicked life, his persecutions of the Christians, his slavery to drink and his frequent terrible beatings of his wife. His wife with tears of gratitude also told me of the change his conversion had made in her life. He became a Christian as the result of a vision of the Lord in a dream. Now he is a man of spiritual power and is an unordained evangelist in charge of a group of churches and meeting places most of which were established through his efforts.

During the meeting Helper Pak conducted, many decided to believe and later were admitted as Catechumens. There are twenty-four Catechumens and when Dr. Knox visits the church this fall probably most of them will be baptized and other new believers received as Catechumens. These Mah-san Christians with considerable sacrifice bought a dwelling and had just finished the work of converting it into a neat church building.

Sunday evening the church was crowded to the limit with men, women, and children sitting on the floor and men standing in the doors. The air was stifling. We had started the service when one man outside called in saying, "A large crowd of women have just arrived from Tongnim village. What shall we do with them?" A man inside answered, "Let us all move out into the yard." I arose and said, "Would you like for me to sing you a solo in English?" I sang, "Jesus Loves Me" and seized the opportunity to explain the meaning of the words. I am anything but a soloist : - however, the crowd was held spell-bound and pandemonium was prevented. Meanwhile the head man, Mr. Moon, was having large mats spread in the yard and when he announced all was ready then the service was continued out of doors. Some one estimated the crowd around four hundred. Don't you think that was very good for a Sunday evening congregation? Won't you pray that these new believers will be thoroughly established in the faith and give the "good news" to the surrounding villages. Also remember Mr. Moon and Mr. Lee, the bright young teacher who is promising as a leader.

Tongboko is a county seat. The church is very weak and there is a spirit of discord and criticism of leaders among some of the believers. Pray for an outpouring of God's power in that stronghold of Buddhism.

In May of last year several Koreans and I began work in Han-chen village. I was glad to go back there and find a little group of believers and that they, too, had remodeled a dwelling into a church building. Pray for Mr. Kang, the leader among the men and for a young widow named Poke-hee who is very zealous. She told me that in a dream she was asked to pray for three things and that she replied she would pray for the conversion of her family, (they now persecute her for her faith) for a strong body that she might be used in His service and for the conversion of the people of her village.

The situation in the Soo-ree church was discouraging. The head man of the village, Deacon Pak, had been leader of the church but for some months his drinking, and recently his non-attendance at church, have been a stumbling block to others. It was little that we could accomplish there. Please pray for his sincere repentance.

A journey of six miles over mountain passes and through ripening fields of rice brought us to wul-lee. The country is beautiful now. I counted about thirty varieties of wild flowers in bloom. The asters in lavender, white and palo pink shades are so pretty and there are some blue flowers that belong to the gentian family I suppose.

Rich people are very rare in Korea. However, there are five families in Wullee who have not sold their rich lands to the Japanese and so are considered rich. The few Christians there told us if we could only reach the rich folk we would have all the village for the church as the poor work for the rich on Sunday and every other day. In one of these rich homes Kyeng-cheng: an eleven year old boy, seems to be an earnest Christian and his mother is now interested because of the child's faith. In another one, the three daughters-in-law asked us to teach them and one of them says she does believe but on account of their parents they are afraid to come out on the Lord's side. In religious matters, oftentimes, I wish these young people of Korea did not obey their parents so well. One new believer told us she had been attending church ever since she had a dream of a pit of fire and heard a voice warning her to be a Christian to escape the pit of fire. She concluded the story of her dream by saying to me, "Was not that a dream from the Holy Spirit?" I think it was for she has brought three members of her family with her into the church.

At every place I long for more Bible women. I see the need of a Bible woman staying at each place a month or more to teach the women. At Wul-lee, a fifteen year old boy who had graduated from the sixth grade in day school seemed to be full of zeal so I asked him to teach the women and children to repeat the child's catechism and a selected list of Bible verses and also to try to teach them to read, I hope he will be faithful. The mother of Mary and Magdalene can read and would be a good leader, I think, if we can arrange for her to get some instruction in our Bible Institute.

My itinerating was interrupted by a called meeting of the Mission. Very unexpectedly in addition to the thirty-three and one third per cent cut last April a cablegram came ordering a ten per cent cut to begin in October. With heavy hearts the missionaries met at Kwangju and again made plans for retrenchment. Pray that God's people in the homeland will be willing in this day of His power and will soon send us orders to go forward. And please pray for the outpouring of the Spirit's power upon the missionaries and our colaborers, the Koreans.

My Address is Kwangju, Korea. After a strenuous country trip it is pleasant to arrive at home and see American mail on my table.

Sincerely, your friend,

Anna McQueen. [필기체 서명]

Received at Nashville, Tennessee, November 13, 1931.

Address: Miss Anna McQueen, Kwangju, Korca.

Postage: Letters five cents, postcards three cents.

January 7, 1932.

Kwangju, Korea.

Dear Friends in the homeland,

Some of you did not throw my last letter in the waste paper basket. Some of you must have read it and remembered these prayer requests.

The day before our Bible class began I saw twenty women coming down the road in single file. Some were carrying a baby on the back and a bag of rice on the head. As they drew nearer I recognized some of the women from Mah-san church and Mr. Moon at the head of the line, personally conducting the party. When I asked you to pray for the work in villages near Mahsan I was thinking especially of Tongnim village. After our visit to Mah-san in September, several of the women from Tongnim regularly attended church. In November the evangelistic band held a series of meetings there and many gave in their names as having decided to believe. And seven of those twenty were infant believers from the village of Tongnim which is two miles from the church. That afternoon we thought Mah-san church might get the banner but thirty-two women came in from Nam-pyeng and they proudly carried home the banner for the largest attendance.

And didn't you pray for the work at Wul-lee? Nine students, women and girls came from that little group. Two of the girls received Testaments for reciting the child's catechism. Last night, Helper Lee told me that Wul-lee now was "cham-mie mahn-so" or literally speaking, "Pleasure much!" They are trying to get together thirty-five dollars to buy a dwelling to use as a church building.

We registered 419 in the Bible class last month. Each woman who paid the registration fee of ten cents received a piece of ribbon with gilt safety pin attached, and the color of the ribbon distinguished her grade. Friends in Burlington, Durham and Hendersonville, North Carolina, kindly sent me the ribbon badges and thus saved me time and money. The old women especially certainly did appreciate these pretty ribbons. Some begged for two and one old grandmother pleaded so insistently that I let her wear a red and yellow one together because it looked pretty that I finally had to yield. I am so glad there are enough badges left for the Bible Institute which we are to have from February 19th to March 15th.

As one group of women after another arrived, some with swollen feet and ankles from a long walk over difficult, mountainous roads (or paths) how I wished they could have a hot bath, a cup of tea and comfortable quarters. One snowy night I made the rounds of all the dormitories to see how my 419 guests were faring. In the main dormitory they were sleeping on a warm cement floor but without the light mattress and quilt they would have had on their stone floors in their homes. The overflow, a hundred or more, were sleeping on the bare, plank floor of the auditorium. They certainly looked uncomfortable. However, I heard no complaints - only expressions of joy and thankfulness for the privilege of being in the class. I was interested to see the various kinds of pillows they had improvised. The more careful ones took off their outer skirt, folded it neatly and were using it for a pillow. Many were using a bag of rice; others their books and some their rubber shoes (pumps) with a small piece of cloth wrapped around the shoes. I saw two women with their heads on inverted enamel wash basins. But their pillows were not as uncomfortable to them as you might think for their ordinary pillows at home is just a block of wood with or without an embroidered cover. I measured one in a home today and it was a solid block of wood eight inches long, five wide and five high. Easy to make if you want a Korean pillows.

I was so glad that one of the circles in Burlington sent me a goodly supply of safety pins. We gave four safety pins apiece to all who had perfect attendance. And by the way, to save money this year we had a seven day class instead of the usual ten day class. The ones who did not get certificates of promotion because they had not learned to read were consoled with one safety pin apiece and some picture cards. Many wanted cards to take home for their Sunday school work and I was sorry my supply was exhausted. If any of you can send me some more, please try to convince your postmaster that they can be sent as printed matter, and need not be sent as parcels post package which I believe is more expensive there and means a five cent fee here.

After the hygiene hour in the afternoon, Mrs. Newland and a Bible woman conducted to the hospital all who wanted to see the dentist or the doctor. Dr. Levie extracted 261 teeth but was not satisfied as some whom he had diagnosed, for lack of nerve, did not report for needed extractions.

The men's Institute is in session and from the church leaders I have heard of this woman and that one who received much blessing during the Women's class and with new zeal had begun work in her home church.

But I must stop for I want to send you another prayer list. If I make it too long, just select certain topics for which you will pray and keep on praying. Or you might assign certain topics to different circles.

I appreciated so much the Christmas greeting cards and notes that some of you sent me. I wish I could write each one of you personally, but instead won't you please accept this as my thank you note.

With best wishes for the New Year,
Your Korean friend,

Anna McQueen [필기체 서명]

Received at Nashville, Tennessee, February 13, 1932.
Address: Miss Anna McQueen, Kwangju, Korea.
Postage: Letters five cents, postcards three cents,
(See enclosed Prayer List)

— Prayer Requests —

from Anna McQueen.

1. For the Holy Spirit's power and guidance in my life and work
   and in that of the three Bible women whom I direct - Wiss Kim,
   Mrs. Yu and Mrs. Yune, and for our physical strength.
2. That funds will soon be provided for more Bible women to teach
   these who want to learn about Jesus.
3. For the Holy Spirit's power in the work of the unordained pastors
   who under Dr. Knox's supervision are shepherding the little flocks
   I visit, - Helpers Lee of Tong-boke county seat, Pak, or Whassoon
   county seat, Yang, of Nungchu county seat, K. C. Pak and N.
   H. Pak, leader of about twelve groups in Poseng county and Helper
   Choi, leader of Mah-san and several other churches, and Helper
   Kim leader of one rather strong church and five weak ones in
   Na-ju county.
4. For the encouraging new work at five places in Poseng county
   - Pyong-ju, Pong-nai, Pin-ai, Tan-ai and Soo-nam-nee, and local
   leaders.
5. For a leader among the men for the church at Chang-su-tong
   where the work among women and children is flourishing and
   the women lead the services. For a young man, Cheng Hai-seng,
   to develop as a leader. For the head man of the village to believe
   and persecutions of the Christians to cease. Among the adult men

there is only one believer - and he is a new believer. Many of the children there who were not able to pay two cents for a catechism gave me two eggs for a catechism. Pray that in their zealous study of the child's catechism many will be brought to a saving knowledge of Christ.

6. For the new believers in Tah-rah-sil, Mah-san and Hanchen.

7. For Pok-sek's grandmother - formerly a strong Buddhist who has recently decided to believe - that she and Poke-sek, of 16 years, will be steadfast.

8. For our extension Sunday School in Pahn-ju-kahn and that many who have been attending for years will this year take a firm stand on the Lord's side. Especially pray for four old women, Pleasant Blessing's grandmother or the anxious one who is afraid because she forgets that her faith is not sufficient to take her to heaven, Pong-namie's grandmother or the doubting one, Sangnamie's grandmother or the woman with an infirmity - bent double - but attends though she often falls down on the way. Her mind is feeble but she tries to learn. And for Pangnamie's grandmother and her daughters-in-law.

9. For God's guidance and power in the lives of four students who are looking to me for help and direction (in a material way) - Mary Choi, Pongsoonie and Unsoonie, who all plan to be Bible women and Poke-soonie who plans to train as a nurse.

10. For the complete restoration of a young man, an only child, who at times loses his mind.

11. For a woman who listened earnestly today but frankly said of her husband, "He is a slave of the devil". He is a sorcerer but even such as these can believe.

"In foreign lands they wondered how their feeble words had power. At home the Christians, two or three, had met to pray an hour."

January 29, 1933.

Soonchun, Korea.

Dear Friends,

It has been some time since I have written you. On October 29th I was taken with an attack of gall stone colic, had a big operation and was in bed 35 days. There were about 1400 lepers praying for my recovery in three colonies and God heard their cry.

I was taken sick right in the midst of the erection of the new wing to the Alexander hospital and had to drop everything. I have been so very busy trying to catch up since that I have had no time to write.

While sick I had the following very kind and sympathetic letter from my Korean assistant, Mr. Ree. It read as follows:

"Dear Dr. Wilson: How are getting better just now? The most tragic thing in the world in a doctor sick. It is like a baldheaded man trying to sell a hair restorer."

I guess from that note I must have looked pretty bad.

Rogers work in the general hospital has grown very heavy so I have been assigned work with him, taking the eye and skin cases and business management. The lame, halt and blind pour in from all corners in every imaginable condition and many unimaginable. We have an average of 75 in the beds and last year there were 749 operations. A new wing of the plant has been added which is very attractive and filling a very great need.

Rogers is a splendid surgeon and doing a fine work here. Lately he has had to operate on a good many of the missionaries as there seems to have been a run of surgery among them lately.

Among the 749 operations was a very dear little girl of about three with a tumor on the side of her neck almost as large as her head. A tumor the Koreans call a "hok" so her name was "Hok soone" or "Gentle Tumor". After the operation her name was changed by Miss Hewsoon to "Pok soone" or "Gentle Blessing". She came in all her dirt and misery but was soon changed into a most attractive child. She called me "Kai" or dog, because I always barked like a pup for her.

Just now we have some very bad cases and many operations daily in the hospital. A little child of 5, not able to breathe - a hole was made into the windpipe and tube placed there. A girl operated on today will probably lose her lower jaw bone from necrosis. Baby operated on yesterday, and half a needle removed from deep in its foot. A good old Christian about to die from blocked bowels. A woman had a piece of dynamite go off in her hand and may lose her arm. They place this percussion powder in food to kill foxes and then often eat the food themselves by mistake and off goes a jaw, head or more. I have lost several dogs from this horrible custom. This week a large stone was removed from the bladder of a small boy. These are just a few samples of the 75 patients in the hospital. Pray for the staff of 50 who are doing this work.

In a general way we have about the same diseases as are seen in U. S. A.: tho we have some not seen there. We have a peculiar disease out here called thrombo angiitis. The vessels in the toes and fingers contract and close off the circulation, gangrene follows and at times several amputations of a leg or arm are necessary to get ahead of the process. Some cases have lost both arms and both legs and then gotten well. Goiter and rickets are very rare here tho common with you.

One very sad thing here is the fact that so often they bring ⋯ [Missing Sentence]

True Well :

At a recent group conference for Bible Study, we had to have a separate grade for the inquirers who came from "Cham Samie" or True Well village. Every day a company of women, sometimes as many as twenty, walked in from True Well, a distance of about two miles. Probably some came just for a sightsee but some of them were very earnestly seeking to find out about the Water of Life.

One of the new believers said that when several Christians visited True Well giving out Booklets containing the Life of Christ in Scripture passages she had received a booklet. She read it and at once believed and began attending church. Hour after hour with an eager, radiant face she thirstily drank in everything we taught. When I said in polite Korean to some of the old women, "collect your senses and listen well" she remarked, "O, how could any one get drowsy while listening to precious words like these." And once she exclaimed, "I would have believed long ago if only some one had come and told me."

Another woman from True Well said, "I cannot read and no one came to teach me the Jesus words. Without any reason at all the desire was just born within me to learn how to worship God and so I began going to the church in Yule-nim village."

One afternoon I went to True Well. It is a village of high class people - "aristocrats". The hills and the forest of old gnarled pine trees close up to the village formed a lovely background for the thatched and tiled roof houses.

Like one of my friends I can say that since coming to Korea I have had a greater sympathy for monkeys than ever before. However, being a curiosity has some advantages. Several women went from house to house in the village inviting the people to come to the believer's house to see an American. They had never seen one and soon the yard was full of a curious crowd of women and children and some men on the outside were listening in to hear the Gospel hymns and the Gospel Story.

A Korean policeman who is brave enough to be a Christian has been sent recently to that section. And even more unusual than a policeman in Korea being a Christian is the fact that he was brave enough to witness to his faith by preaching to a crowd of more than a hundred in True Well village. Because of the witness of the policeman the women there who want to learn the way of life have been able to attend church more boldly and are receiving less persecution from the men of the village.

There is an "open door" in True Well. And there are other villages where some of the people are waiting and praying for teachers of the Jesus way. On two different occasions Christ enjoined His followers to pray for laborers. "Pray ye therefore the Lord of the harvest that He send forth laborers into His harvest."

Anna McQueen[필기체 서명]

November 18, 1933.

Kwangju, Korea.

My dear friends in the homeland:

It is time to say, "Merry Christmas to you!" Since I am not sending you personal gifts nor even personal cards I wish I had time to write you a "nice" letter. But between country trips, this time, I have been helping to prepare Bible study outlines for the Auxiliary Year book and in a few minutes I must be starting for a twelve day trip among country churches.

I am enclosing a bit of news about one of my trips. I wanted to write you about the hospital fire but I hope Dr. Smith will send you along with this a copy of Miss Margaret Pritchard's last letter. I want you to know something about that phase of our work, too. It's time to go!

With best wishes for the New Year.

Anna McQueen[필기체서명]

Received at Nashville, Tennessee, December 9, 1933.

Address: Miss Anna licqueen, Kwangju, Korea.

Postage: Letters five cents, postcards three cents.

July 31, 1934.

Camp C. E. Graham - Chiri San.

Dear Friends in the homeland,
"May the sun shine on your birthday
May the skies be fair and blue
May the flowers shed their fragrance
And the world look good to you."

That was the greeting on one of my cards and the wish was literally fulfilled. My birthday, yesterday, was the loveliest day we have had yet on this Chidy Mountain. In the Morning, I went outdoors to prepare a Bible talk for non-Christians but for a while I could do nothing but feast my eyes on the grand scenery. We can count nine ranges of mountains between us and the "unrivalled mountain" at Kwangju. The sky above the camp was beautiful, clear blue but in the far distance there were billows and billows of white fleecy clouds and here and there high mountain peaks appearing like islands in the sea.

On my birthday, I enjoyed so much reading the helpful messages that were sent to me. It was encouraging to realize I had many unknown friends who were interceding for me. I feel sure God is answering your prayers and I beseech you to continue, by way of His throne, to send me strength and power for service over here.

I wonder what you will think if I confess that I am "Scotch" for

I put aside some of the birthday cards that I can use in greeting "ither friends". And the rest of the lovely cards I will eventually give to Koreans for they, too, will enjoy the bright pictures.

It fell to my lot this year to compile the Station report for our Mission Meeting. I am adding some extracts from it to this note for thereby you can glean some news about our work at Kwangju.

Our Station suffered a great loss when on June 26 Miss Elise Shepping was called to her heavenly home.

The firing line is getting thin and no new recruits are coming out to fill in the broken ranks.

Please pray that I may have more Bible women to help me in country evangelistic work.

With many thanks for your greetings, your interest and your prayers,

Your co-worker,
Anna McQueen[필기체 서명]

Received at Nashville, Tennessee, August 25, 1934.
Address. Miss Anna McQueen, Kwangju, Korea.
Postage: Letters five cents, postcards three cents.

November 16, 1935.

Kwangju, Korea.

Dear friends,

This is Korean Thanksgiving week and that fact reminds me that it is time to start my Christmas greetings on their way to you.

It is like winter today. But we have been having delightful autumn weather and I have enjoyed being out of doors a great deal as I visited a number of outstation churches and "prayer places."

Last fall I had to stop in the midst of my itinerating to take care of a sprained ankle. And thus it came about that time was found to compile a booklet of Scripture verses.

The Korean women like to learn verses of the Bible. The old women who cannot read enjoy having others teach them to repeat the verses so that they can treasure up a bit of the Word in their hearts. Among others who had asked me for a selection of memory verses was a young woman who is losing her eyesight.

Using Miss Janie McGaughey's booklet, "Unfailing Promises" as a guide and pattern one hundred verses were compiled under the name Precious Promises. The Christian Literature Society printed the booklet and is selling it for four sen which in U. S. money is a little more than one cent but less than two cents.

However, these people are so extremely poor that many of them do not have at hand four of the Korean copper pennies. Hence, one day in Han-chun village I told the women and children that instead of money for the booklets I would be willing to accept eggs, chestnuts or pumpkins. I referred to the small green pumpkins that could not mature before frost and not to the big yellow ones that were growing on the thatched housetops. A few pumpkins, I thought, would vary the monotony of food brought from home for a ten day country trip. But after that announcement, from early dawn until after dark, whenever I was at home in my five by eight room, especially at meal times, the word "ho-bak" (pumpkin) became an often recurring sound. Upon opening the little paper door I would find a girl or boy, young woman or grandmother with one or more pumpkins asking for "Precious Promises" in exchange. Soon twelve of various sizes had been received and then one had to begin to plan how to give some of them away.

As I was waiting by the roadside for the auto bus to take me to the next church there was a last rush for "Precious Promises" and the Child's Catechism. That time I was glad it was chestnuts and not eggs that were poured into my book bag. A twelve year old son of a sorcerer had been attending our study classes very faithfully. There was such an evident longing in his eyes that I began to debate in my mind what the others who had bought a book would think if I should give him one as I departed. But finally he asked a young man, his teacher, for the loan of four sen. The teacher produced three sen saying that was all he had. And so for three sen the sorcerer's boy received the copy of "Precious Promises" that I had used a little and was delighted with his bargain.

Many times we long to make outright gifts and, of course, sometimes do. It isn't easy to teach self-support to people who are so poor that many of them are under nourished and will oftentimes be hungry this winter for lack of food.

Others, too, in various ways no doubt, have been distributing the booklet of memory verses. Won't you pray that all who receive it will use it faithfully and that it will be the means of building up many in the faith?

While not in the school work now, I am in close touch with it as I am living with the principal of Speer School, Miss Florence Root. She deserves a great deal of credit for the erection of a splendid new building. She not only planned the building but faithfully watched the construction of it from early Spring throughout an unusually hot, trying summer. The building has special class rooms for teaching music and science, especially Domestic Science, and has a music practice room in it, too. It was built with some of the birthday money of 1927 of which there is not much left now.

I am also "in close touch" with the medical work, as supervision of the evangelistic work in the hospital was added to my Mission assignment this year. The patients come from the islands of the sea as well as various sections of the peninsula. Many of them have never heard of the message the angel brought that first Christmas Day, "Behold I bring you tidings of great joy which shall be to all the people." Of course it is very distressing to see the physical suffering and the constant need of more money to help charity cases. But there is a wonderful heart satisfaction in teaching those who listen earnestly and eagerly to the good news of Saviour was born in the city of David more than nineteen hundred years ago.

This isn't a "Christmassy letter", nevertheless it carries to each one of you my best wishes for a Merry Christmas and a Happy New Year.

Your friend and coworker,

Anna McQueen[필기체 서명]

Received at Nashville, Tennessee, December 13, 1935

Address: Miss Anna McQueen, Kwangju, Korea

Postage: Letters 5¢, post cards 3¢

Glad Blessing

Sometimes a tent meeting is the first means of starting evangelistic work in an unreached, Korean village. Several years ago, in one of the many untouched villages, two elders, a Bible woman and I borrowed a community house, called the Old Men's Loafing Place, and used it as our evangelistic centre.

Many in that section had never seen a white woman before so the foreigner's presence helped to attract the crowds. In the evenings large mats, which are used for drying grain, were spread in the yard and on these all ages and classes of people sat and listened to Gospel hymns, Bible stories and the preaching of the Word.

Some months later, Miss Dodson and the Bible woman went to this same village to follow up the work that had been started there. One day the Bible woman told the way of salvation in the home of a sorcerer. The older members of the family were bitterly opposed to the doctrine for sorcery is their means of livelihood. But the daughter of the home, a young widow, whose name means Glad Blessing at once decided to follow the Jesus Way. She bravely overcame ridicule and persecution and faithfully attended the meeting place of the new believers. Her heart seemed to burn within her with a great passion for souls. In an adjacent village, she started an extension Sunday School and because of her earnest efforts more women and children were gradually added to the little group of Christians.

Through sacrificial giving of rice and pennies finally they were able to buy a dwelling house made of mud and straw which they converted into a church building.

Missionaries made it possible for Glad Blessing to study in the Neel Bible School, but she dropped out of school one year in order to meet an urgent need in the itinerating work and gain experience as a Bible woman. The people were delighted with her earnestness and enthusiasm and from the country churches came the frequent request, "Send us Glad Blessing." She gave herself unsparingly to the work and often her fervent zeal caused her to over-tax her limited physical strength.

Last spring, she came under the influence of a religious fanatic and despite the entreaties of her teachers gave up her studies and it seems is following the fanatic's way of thinking. She is undergoing physical hardships and so we are concerned about her health and also about her mental and spiritual balance. In some secluded spot, she is said to be devoting her time to Bible reading, prayer and meditation. Won't you pray that she may be given a clear revelation of God's will for her and that in all her ways she may be kept by the power of God?

Many of His chosen ones are earnestly pleading day and night for God's almighty power to be manifested throughout this land in a great revival of religion. The under shepherds especially are "standing in the need of prayer." May they be true and faithful and lead the flock in right paths. It is granted unto you to have a part in this great and urgent work of intercession.

Anna McQueen

November 21, 1938.

Kwangju, Korea.

Dear Friends,

November 21 and it is time in far away Korea to start Christmas greetings on their way to you.

A week ago today, Florence Root arrived from America and now, three times a day, the four of us gather at our round table- Florence Root, Mary Dodson, Margaret Pritchard and I. It is good to have the circle complete again for we are a congenial household even though as to states we represent New York, Texas, Virginia and North Carolina.

Mary Dodson and I sailed from Vancouver together on August 6 and arrived in Kwangju August 22. It was hard to get unpacked and settled, for those first days we had a continual stream of Korean callers. Of course it made our hearts rejoice that they gave us such a cordial welcome. We realized they were especially encouraged at that time by our coming, and by news that other missionaries were on the way back because they accepted it as a token we were continuing to stand by.

Miss Dodson is busy now as principal and teacher in Neel Bible School. For one month I taught Leviticus in the Bible School and it wasn't easy to limber up my tongue in the Korean language, teaching a book like Leviticus which I had never taught before. Dr. Turnbull's book helped me and I hope those fourteen bright young women learned as much as I did.

Last week I returned from a Bible class at a church away back in the mountains, about 40 miles from here. I taught two periods in the mornings while Dr. Knox taught two, and he also conducted the devotional hour and preached at the evening service. My other trips to the country this fall have been just day trips. In the country I often think of that verse, "The common people heard Him gladly." One Sunday morning as we left a church in "Turkey Village" I noticed that Dr. Newland was carrying a string of eggs in one hand a basket of fruit in the other while the evangelist by his side had a live hen for him. At one of the evening services during our Bible class a boy in the church had charge of a hen which later was presented to Dr. Knox. Suddenly, the hen, with considerable loud squawking, tried to make a get-away. I looked down and endeavored to conceal my amusement but could perceive that none in the congregation were amused or at all concerned by the incongruity of the situation. They have much to learn about the sanctity of the church. But they are certainly a kind and appreciative people and these little incidents serve to illustrate their love of "the Moke-sa" or the pastor.

As part of my assignment, I have charge of the evangelistic work in the hospital. I enjoy very much the splendid opportunities over there for personal work, especially among the in-patients. Some of them are here for weeks and are physically able to listen to and appreciate continued teaching day after day. Either Evangelist Han or Mrs. Cheng, the Bible woman, contact and help those who come to the daily clinic and they are also busy here and there among the in-patients and the relatives who stay by them. They are both fine, zealous co-workers. Don't you want to help? "In heathen lands they wondered how their feeble words had power. At home the Christians, two or three, had met to pray an hour." A few of the non-Christians in whom I am especially interested are (1) A Korean "Hagar" who drank lye. (It happened not to be strong enough to kill)-drank it because of the persecution of the household. (2) A fellow patient who was kind enough to share her rice with "Hagar." These are both dismissed cases now. (3) A rich young woman who has a hopeless case of tuberculosis of the spine. (4) A young man in the tubercular building, and his mother. Among the Christians, pray especially for the Bible women- that they may be guided in their work and future plans; also, for the little church at Pong-duck, divided by factions, whose leader has an unforgiving spirit.

I hope you will take time to read about a former protegee of mine, Glad Blessing, (which I am enclosing.)

Please consider this a personal letter and write to me sometime.

"'Peace on earth good will to men'
The Christmas hymns ring out again
And all the blessed New Year through
May these best gifts abide with you."

With every good wish of the Christmas season,
Your friend,

Amma McQueen[친필 서명]

Received at Nashville, Tennessee, December 16, 1938
Address: Miss Anna McQueen, Kwangju, Korea
Postage: Letters five cents, postcards three cents

August 16, 1939

Camp C. E. Graham, Korea

Dear Friends,

I started the day with the early birds this morning. It was nice to get out of doors at daybreak and see the billows of white clouds turn to a beautiful pink as the sun came up over the ridge. I walked up to the "saddle" of the mountain (Chidi Mt.) and there a group of us waited to say goodbye to Anne Paisley of Kwangju and Mardia Hopper of Mokpo and Dr. and Mrs. Stokes of Seoul.

Anne and Mardia are on their way to the U.S. to enter Agnes Scott College. Sarah Newland will accompany them. In their graduating class of eighteen, at PyongYang High School, Mardia won first honor, and by the way, Mardia is the Korean way of saying "Mary." Sarah won second honor and Anne received the trophy cud given by vote of students to the Senior who had rendered the most inspirational service during four years of High School. Haven't we reason to be proud of our Southern Presbyterian girls?

Last year Dr. Hopper and Mrs. Hopper (nee Annis Barron) sent their eldest son to Davidson, and this year they are having to say goodbye to their only daughter. This separation from family and relatives is a missionary's greatest hardship and some say it is the only hardship of a missionary's life.

Dr. Marion B, Stokes of the Methodist Mission, formerly of South Carolina, conducted our Bible conference last week. He brought us such helpful, inspiring messages on the subjects, "Faith," "Hope," "Love," "Sanctification," "Fullness of the Holy Spirit" and "Receiving the Holy Spirit." He radiates the power of God and very evidently lives this life himself on the higher plane about which he talked to us so forcefully. Isn't the fact that all four of their boys have entered the ministry a fine commentary on the life of Dr. Stokes? .

Here on the mountain, I have been trying to arrange for an inspirational leader for our Woman's Bible Class, December 5-15. Humanly speaking the prospects for the usual large attendance, about 400, are the worst yet. For one thing, there will be a very short rice crop on account of a severe drought. The women, I feel, need the spiritual refreshment of the class more than ever. I hope that all hindrances, material and otherwise, will be over-ruled and that the class will be a means of revival to our local people as well as those from the country.

Some of our young people and others last year gave me large safety pins to bring back to the Koreans. I had enough to give one apiece to every woman who stayed to the end of the ten days' class. You can't imagine how delighted they are to receive such a simple present. Possibly before November 1 some circles or groups of young people would like to help in a definite and extra-budget way by sending some safety pins for the class of women. The parcel post charges might be less if they were taken off the cards.

I am using the left-over pins, and others I bought in Peking, as a means of support this summer for a dear, old Christian woman. She is too feeble and crippled to work now but she can easily sell the pins at five sen apiece. The Koreans would say that she eats ten sen or two pins per day - that is her daily living and amounts to three cents or less. On account of the short crops, etc., we expect to face a great need for charity work this winter.

Glad Blessing came to see me last April and I was so glad to see her again. She seemed almost ready to give up her ascetic life. A Bible woman with whom she roomed said she had come "half-way around." I have been disappointed that she hasn't come in to see again to seek some active service for the Master and I must try to get in touch with her when I return to Kwangju next week.

This mountain camp is about fifty miles from Kwangju. It has been extremely hot and dry in the Stations this summer, and we are indeed fortunate to be able to escape the worst of the heat and build up some reserve strength in this cool, lovely place. However, I will be glad to get home and resume personal work in the hospital and follow-up work in the city.

We hear that the woman who drank the lye died after returning home, and that the one who shared her rice is attending church now and bringing two others with her.

I appreciate the lovely cards of birthday greeting that some of you have sent and I hope you will accept this as a note of thanks and pardon my sending it in an indirect way. The week of my birthday, it was a delightful surprise to receive "Honorary Life Membership" in the Woman's Auxiliary, given me by the auxiliaries in the churches of Ashpole, Elrod, Fairmont, Iona, Midway and Rowland. What a lovely way to be remembered by the homefolks of my "Ain Countree."

I have been writing this letter at different sittings and since writing the above sentence the Life Membership pin has arrived. Mrs. Wilson brought it from America, and I am wearing it now. I received it today and I wonder if the pride with which I show it to others may be a pardonable pride? It is a lovely pin, and perhaps, it may be the means of starting other life memberships.

I am going to add some suggestions for prayer. Thanking you for your help through prayer and your remembrance of me, I am

Your friend and co-worker,

Anna McQueen [친필 서명]

Suggestions for Prayer_

1. That Glad Blessing may again be a shining witness for Christ.

2. That Mrs. Ko (the t.b, of the spine patient) may be given a strong courageous faith, and witness to her rich non-Christian relatives.

3. That power from on High may be greatly manifested in the Bible Class, December 5-15.

4. For God's blessing, guidance and keeping power in the Bible Schools at Kwangju and Chunju and in our Union Seminary.

5. For our Bible women - especially Mrs, Y. and Mrs, L. as they

each seek to start a new group in unevangelized villages.

6. For a revival among our pastors and church leaders, and a special out-pouring of His Spirit upon the missionaries, enabling them to rightly meet new conditions.

7. For Mr. Han, evangelist in the hospital; Mrs. Chung, Bible woman; Mrs. Lee, assistant Bible women and matron; and for myself as we sow the Seed, give tracts and sell Gospels among the many who come to the hospital, and that our follow-up work may be largely developed.

Received at Nashville, Tennessee, September 12, 1939
Address: Miss Anna McQueen, Kwangju, Korea
Postage: Letters five cents, postcards three cents

January 16, 1940

Kwangju, Korea

Dear Friends,

"Where shall I begin" Have you heard about the wedding at Kwangju? On Wednesday after Christmas the bride-to-be, Miss Aurine Wilkins, arrived at our home and the next day she was married to Rev. W. A. McIlwaine of Kobe Theological Seminary, Kobe, Japan. Since Kwangju is a central station and we have a little church for the missionaries, Curtis Memorial Chapel, the ceremony was performed by Dr. Preston in our church. It was beautifully decorated with ferns and poinsettias. The wedding was attended by nearly every member of our Mission and there were a few guests from Japan, too.

We entertained all the single ladies in our home and it was a merry and full house when all eighteen of us were together. After the ceremony, young people and adults, numbering 82, came to our home and a nice supper was served by Soonchun Station.

Our Mission in Japan is to be congratulated on the annexation of such a fine member to their personnel.

The Christmas cards from America seemed prettier than ever this year and I want to thank each and every one of you who so thoughtfully sent me Christmas greetings. I appreciated being remembered. I wanted to send you a Christmas letter but preparations for the Bible Class and other work prevented.

The general Bible Class for women of Kwangju territory was held from December 4 to 14 and we are thankful to report a fine class. The total enrolment of women and girls was 243 which is a goodly number this year with severe drought when the rice crop was almost a complete failure.

At the morning and evening devotional service, Dr. Joseph Hopper gave such earnest, practical and inspiring messages. He is an excellent Bible teacher and the women were continually expressing their gratitude for the "new grace" they were receiving. The Conference verse was, "Search me, O God, and know my heart; try me, and know my thoughts and see if there be any wicked way in me; and lead me in the way everlasting." And the Conference song was, "Open My Eyes."

The Class was divided into six grades and the local missionaries were assisted in the teaching by Mrs. Hopper, Miss Margaret Hopper and Miss Willie Burnice Greene. The Special Grade is composed of old women who have been Christians for a long time but are not mentally alert enough to follow the regular course. There were 78 happy old women in the Special Grade and one missionary remarked that he enjoyed the old ladies more than any class he had ever taught. A devout Christian of 70 years from Turkey-chone church said she had not missed a class for the last twenty-one years.

I was glad to get a picture of one of my friends showing the way she arrived at the class. She had walked a distance of a hundred li (about thirty-five miles) over very mountainous roads. In one hand she carried her book-bag and sometimes the other hand had to be used to help support the load she carried on her head - a bag of rice, her quilt and three strings of eggs (that is, thirty eggs) which later she divided between her missionary pastor and myself. The weak little church which this earnest soul represents, in a special way, needs our prayers that it may survive this time of testing.

You may have heard of the revival we had among the missionaries at Kwangju. Our hearts were prepared by the fine messages which Dr. M. B. Stokes gave us on Chidi. Then the first week of September God chose to send to us two young women of the Dutch Reformed Church who were born and reared in South Africa, Miss Jacobsz and Miss Marais. Miss Jacobsz (the J is pronounced Y in her name) had charge of the two meetings per day which were held in our living room. In the week she was with us, through her Bible talks and private interview, Miss Jacobsz tried most earnestly to show us how to use God's Word in searching our hearts for hidden and forgotten sins and short-comings as well as for those besetting sins of which we were painfully conscious. As we privately and prayerfully applied the Bible verses she had given us we made a written list of our sins and shortcomings. It is a method which human nature does not like but it is effective for it makes one realize sin much more fully and more keenly. And the glad news is that confessing the whole to God and where necessary, making confessions and restitutions to our fellowman brought to each and every one of us a new sense of heart-cleansing, peace and joy.

The next step was surrender or rededication of ourselves to Him and His service. Several of our number had the joy of receiving an instantaneous and miraculous infilling of the Holy Spirit. I was encouraged yesterday when I read of the Samaritans who received Him "gladly into their city and their hearts, demanding no miracle and trusting Him simply because of His word." In a quiet way He has graciously blessed me, and please pray that I may daily continue in a life of faith, trust and abiding and be an instrument fit for the Master's use.

On a separate sheet I am going to add the list of verses which Miss Jacobsz called "God's searchlight" for you, too, may like to use them in testing your heart and life.

In several other places, there has been a revival among the missionaries and some effects are being manifested among the Koreans. In our daily prayer meetings we pray for a great out-pouring of His Spirit in this land and we also remember to pray for the evangelistic campaign in America.

Your friend and representative,
Anna McQueen[필기체 서명]

Received at Nashville, Tennessee, February 13, 1940
Address: Miss Anna McQueen, Kwangju, Korea
Postage: Letters five cents, post cards three cents

February 22, 1940.

Kwangju, Korea.

Dear folks,

I had three American letters Monday. One was from Sister of Jan. 21st, enclosing one also from Irene. And one was from Miss Vera Moorefield enclosing a five dollar check from Bulaski Circle. And in Margaret's letter was a five dollar check from her S. S. Dept. and one from herself and one from my sisters for leper charities.

Since the two young leper girls I wrote about last summer did not go because husbands appeared on the scene I decided this check should be used for a new case.

Tuesday morning on my way to the hospital from the Institute, I saw a girl sitting by the wayside with her head in her lap. Inquiring why she was sitting out there in the cold I learned she had been to the hospital but was told they could do nothing for her. I told her to follow me for while I thought she was a leper I wanted to get the doctor's opinion. The doctor came out in the yard to see her and at once said she had leprosy in rather an advanced stage. It did not take me long to come to the conclusion that your check which had arrived the afternoon before must have been sent for this pitiable child. She said she was fourteen years old and that her name was Choi Sup-sup-he. Sup-sup-he means Sorrowful so her name is Sorrowful

Choi. Parents often give girls that name because they are sorry the baby is a girl and not a boy.

Mr. Unger, religious superintendent of leper colony, is here teaching in the Institute so after consulting with him I gave the girl letters and instructions about going to a little wayside railroad station about half a mile away. When I asked if she had ever ridden on a train she replied, "Do you mean that long thing?" I gave her three paper bills nearly a dollar for travel and then came home and asked Mr. Suh to go and see that she boarded the train. He found the wait for a train would be longer than we expected and after giving her further instructions he returned. But the next day Sorrowful also returned and she had a sad tale to relate. A man had persuaded her she ought to walk with him to the next railroad station and in a lonely spot he made her undo the things she had in an old flour sack, then took half of the cloth we had given for a skirt and all of her money and then ran away. She was so weary from walking for six days to get to the Kwangju hospital that she found a place to sleep with an old woman and returned yesterday afternoon. When I heard she had come back, again I had to rush around to make other arrangements. She needed hot food but all we had time to give her was some cold rice wrapped up in a piece of paper and then she and the hospital evangelist hurried off to the regular station. He saw her off, and then went to Wednesday night prayer meeting, missing his supper, too. I hope today the child found the home which is called in Korean, "Garden of Love" and that tonight she has had a hot supper and is sleeping on a hot floor. She slept outdoors on her way here. The leper beggars usually sleep under a bridge but this child did not know the ways of the world and evidently had not been a beggar. She said her parents were dead and she had been taking care of a baby but the people had sent her away on account of her sickness. Your money came just in time to save her from the life of a beggar. It was cold and windy so she went off with her head and most of [illegible] face wrapped up in a blue scarf Florence gave me some years ago. And [illegible] her gloves so that whatever she touched on the train would be with [illegible] hands. I was sorry in a way to send her by train but it is a [illegible] to society to get her in the colony as soon as possible. I did not touch her for although Dr. Wilson assures us it is not easily contracted I do not care to take any chances.

Sister, I was interested in hearing about the twenty fifth anniversary party your daughters were planning for you and Will and I hope everything went off nicely. I would send you a silver present if I were not afraid you would have to pay more to receive it than it would be worth. I am sorry to hear that you did not get the handkerchiefs. I mailed some packages late but believe they were one of the first packages I mailed. I mailed Virginia two towels and I believe they were in a big envelop and I must stop that procedure for I am afraid several have been lost. Margaret, did Alice get the big envelop I mailed her? I suppose I should have kept records of what I mailed to each of you but then what is lost is lost and there is an end to it. And I don't see how you all can pay me for things unless I am more business like and could present statements. When I asked you what you would like me to get for you it was the idea of getting on hand some presents to send you on future occasions but I sent nearly everything Xmas, deciding you might as well have the linens and be using them instead of my sending them as it were instalment plan. In case you are curious as to financial values I will say the lunch cloths I got in China, cross stitch patterns were priced from fifty to seventy cents roughly speaking. The prettiest one I sent you, Sister, an all white one with napkins Miss Flora Boyce, Chunju, Korea, got in China and I believe it was seventy-five cents. Margaret, I have another pretty white one which I was planning to send you-do you need more white ones? Miss Boyce also brought in Florence's table cloth and I suggested as a token of appreciation she might send her some individual tubes of G.W. coffee or a small tin. It is not necessary for I have already given her a present of cold cream. Irene you might send her a card of thanks or if you want to send a nice present a small size Turkish towel like the ones you gave me is a nice present. The green and lavender ones you gave me have my initials (from Belks?) stitched on them. Her initials are F.M.B.-or an American handkerchief with a note would be appreciated because she is not expecting anything. She goes over for the summer and once before she got some things for you all. As for me, in Xmas, presents you have probably already given me as much as I have given you so don't send me a check. If any of you should see a warm wool reduced in price size 18 and a half and plenty big-a style that does not fit tight-I would be glad for you to buy on my bank account, and after Margaret has worn it send to me before next Xmas for next winter's wear. Some wool dress goods might be easier to find. Margaret mentioned looking for sheer wool dress but that is not warm enough for our cold weather and my silk dresses will do for between seasons. Cotton stocking in tan and gun metal or grey shades would also be a help for it is too much trouble to wear silk ones that are always starting a run.

Did Hazel send you the bill, Sister, for my lextron-big bottle that the Wilsons brought-cold cream, etc. and is it settled?

Margaret, I was interested to hear of the evangelistic crusade in local church. And I am glad Mrs. Topping found something to help her anemia. Did you try it? I feel that it is a help to take something in the winter season as a preventative of colds and flu and lextron is so expensive I would like to discover something else and that is effective so may be Mrs. Topping and Dr. Rainey would be glad to pass on the prescription. I have not had a blood count made since early fall. I forgot to report that ameba was the only trouble the doctor discovered with Florence Root.

November 21, 1947

Care P.M. San Francisco, Calif

(Postage only 5¢)

Air mail

Address: Miss Anna McQueen

Civilian Presbyterian Missionary

M.G, 101st Det. Hq. – APO 6 unit 2

Dear Friends,

After seven years in America, once again I am in Kwangju, Korea. One Saturday morning, a telegram came from Nashville, asking if I could report at Fort Mason, October 9. The following Tuesday, I was on my way to San Francisco. Finally, at Hotel Stewart, San Francisco, there were ten of us Southern Presbyterians preparing to leave for Korea, Misses Biggar, Crane, Dodson, Fontaine, Root, Pritchard, Mr. Boyer, Dr. and Mrs, Paul Crane and I.

Those were strenuous days - trying to get together some furniture and groceries with which to begin housekeeping anew in Korea. We had been forewarned that the purchase of as small a thing as a box of matches might be difficult in this country, and so, in disposing of my last American money on the ship, I invested in a cigarette lighter - but I have not started smoking!

After the "processing" at Fort Mason, October 9, the thought often recurred. "You are in the Army now." It seemed I could relax, stop thinking for myself, just follow the line and do what I was told to do.

We had a comfortable trip on an Army transport. Sailing on Oct 11, we arrived in Yokohama on October 22. A negro band from the U.S.A. was on the pier to give us a welcome, and also a send-off when our ship departed for Korea on October 25. On Thursday, a group of us were glad to leave the steamer and go to Tokyo. It seemed strange to step on a military bus or a railway car, marked for "Allied Personnel Only," and not pay a fare.

On Friday, too, we had another day of sight-seeing in Tokyo, with many of the "dependents" and more than a hundred of the "G.I's." We traveled by Army motor bus. It was a lovely fall day. Our ship furnished the picnic lunch and we enjoyed eating it as we sat on the grass near Meiji Art Gallery.

In many places, the awful destruction of the war was very apparent. It was also evident that the Japanese were making a good come-back in their energetic way.

Our steamer went into the harbor of Inchon (or Chemulpo) Korea, early Tuesday morning, October 28. More "processing" began. We spent hours standing in line to have our photographs taken, our finger prints made, and to be vaccinated again.

Finally, about 3p.m., the time came to go down the ladder and into the LST. The order was as follows: First, military personnel, 444, carrying their heavy packs. Second, dependents, 173, including 98 children. Third, missionaries, 17. Some of the young G.I's had been assigned the task of carrying a baby ashore, and it was interesting to watch them as they sought to gain the cooperation of the baby.

As we drew near the shore, an officer announced, "Missionaries first." The front of the LST collapsed, forming a gangway, and we walked out and were on Korean soil. A band composed of negroes (first I had ever seen in Korea), was welcoming us. Among the fathers, who were waiting were some who had never seen their baby and a Major who had not seen his attractive twin baby boys. We were glad to find Mr. Linton there to meet us. He and a G.I. chauffeur, escorted us by military bus to Seoul, about twenty-five miles,

Our "billets" were assigned in Russian Annex No. 1. There, near the American Legation, we found a Quanset hut with Army cots enough to take care of our party of eight women... The next two days there was more processing, including a call at the Capitol and the Consulate.

Mary Dodson, Florence Root and I left Seoul at 10 a.m. Friday morning October 31, and arrived at Kwangju about 10 p.m. that night, having traveled about 300 miles. And now we are "at home" for the present in the Science Building of Speer School. The Talmages have an apartment (?) next to ours and are allowing us the privilege of cooperative housekeeping. Dr. and Mrs. Knox, after some months of waiting, have possession of their former home. The other eight Mission residences are occupied by Army personnel. We are hoping and praying that one of them may be released for our use in the spring. The Neel Bible School building is being used now by American Red Cross workers. Winsborough Hall is next door, and it is a pleasure to see the school girls (about 300) come and go. We are so glad that they have a fine principal in Pastor Paik.

Just now, two rooms on lower floor of this Science building are used for the two grades of a Korean sponsored Bible School for girls and women. As I taught the first grade this icy cold morning, in an unheated room, I felt somewhat ashamed of my many warm clothes, while the girls were cold and shivering. I wished I had sweaters enough, even used ones, for the twenty-one students of the two grades.

We have done some personal work in the refugee camps and in the city and on Sundays nearby churches in the country. But most of our time has been spent in receiving our Korean friends. They have been coming to call in continual relays, morning, noon and night. Their cordial welcome has been thrilling, and their many gifts of eggs, delicious apples, large persimmons, etc., represent real sacrifice.

The Speer Alumnae gave an "afternoon tea" for the five women of the Mission station. In my response, I told them I was rejoicing and giving praise to God over the good news I was hearing about so many of the Speer girls. After longing for seven years for news of my Korean friends, it was with great eagerness I began making inquiries when we met a few of them from Kwangju in Seoul, concerning the Speer Alumnae, living in Seoul, it was something like this:

Ai-soonie, (first graduate), is a Bible woman in Seoul.

Mary, (or Mardia), is engaged in Social Welfare Work.

In-sook (or Portia), after returning from Manchuria, where she and her husband went to escape persecution, have been living in Seoul. Her husband is a pastor here.

Hyun-Chungie is a teacher in N.P. Girls' School.

Poke-soon, my special protege, has an office in Public Health Department. She directs the nursing personnel in five government hospitals. Because she is a nurse, I had been especially concerned about Poke-soon or "Pleasant blessing", but she wisely managed to escape the dangers of the war years.

Won't you join us in some of the petitions of our daily prayer meeting for a revival among the missionaries; for a revival among the Korean pastors, and Korean Church; for a united nation in Korea under a now Communist (?) government.

I hope you will accept this as a personal letter and as a Christmas letter, too. I have certainly appreciated the letters some of you sent to me in San Francisco, and to Korea.

With the very best of wishes for Christmas and the New Year, I am Sincerely, Anna McQueen [친필 서명]

P.S. Relief packages and gifts for Koreans can be sent by regular postal service addressed to missionary's name, Kwangju, Korea, South Chulla Province. The A.P.O dress is strictly for personal use of Americans only.

Rec'd at Nashville, Tennessee, December 1947

(Address as at the heading of this letter)

April 28, 1948

Care Postmaster, San Francisco, California

(Miss) Anna McQueen
Civilian Presbyterian Missionary
APO 6 - Unit 2

Dear Friends,

We had frost yesterday, but at long last, spring has arrived. The barley fields across the valley look so pretty and green. The orchid colored azaleas are blooming profusely on the hillsides. We had a beautiful spray of the double variety of cherry blossoms in our dining room this week. The daughter of Koom-yae-bee, our cook, secured it when she told a friend that we could eat our rice well if we had flowers on the table! I have enjoyed seeing the peach and pear orchards and the mock orange hedges with which they are surrounded, all in full bloom. Korea is lovely in the springtime!

I returned from a week-end visit to a country church recently. The dilapidated jeep which some of us have been using, is one that was discarded by the Army, and has no forward gear now. After heavy rains, the roads were worse than usual, so the Korean chauffeur and I were somewhat concerned as to what might happen to the jeep (and to ourselves), but we succeeded in making the trip. Arriving at the house of the ruling deacon, in an empty eight by eight room, we deposited my suitcase, food-box, duffel bag of bedding and cot. Then, Mrs. Chung (a Bible woman who was trained by Ella Graham) and I started out, with several guides, over the hill to a village, a mile or so away. We invited the Christian women there to come and bring others to our Saturday evening service.

It was an inspiration to see a full house at the Sunday evening service in that little country church. More people can be packed in when they sit crowded together on the floor as they were sitting Sunday evening. Even the churches that have benches often have to take them out in order to get more people inside for special services. About one hundred children sat close up to the pulpit, and listened attentively when I told them a Bible story before the deacon led the regular service. The next day, when we returned home, we brought with us an eighteen year old girl to enter the Bible School. She had a sack of rice and I had twenty eggs, or a present of two strings of eggs, as the Koreans would say.

The Koreans are continually making a gift of eggs to one or another of our household. We have had to buy eggs only twice since our arrival last October.

In letters from America, I hear rumors of the possibility of war. Over here, we go about our daily work with little knowledge of what is going on in the rest of the world. Sometimes, Mrs. Talmage tells us news of what is happening in Korea - news that she has heard from the U.S. by radio. However, our Soviet neighbor, oftentimes, puts on a strong interference at the time of the U.S.A. broadcasts.

May 9 was the first date set by U. N. (?) as election day in Korea. Korean Christians prayed earnestly that the election would not be held on Sunday, and sent in thousands of requests to General Hodge and the U.N. for a change of date. Recently, the date was changed to May 10, and the eclipse of the sun and the requests of the Koreans were the reasons stated for the change.

In my last letter I asked you to join with us in praying for a united nation in Korea under a non-Communist government. By typographical error, the "non" became "now". Even in South Korea, there are Communists, but they are thought to be a small minority. A Korean leader remarked last week that many of them did not know what real Communism meant. I hope they can be held in check and that soon peace and order can be brought about throughout the land.

In addition to our regular Bible classes, Mrs. Talmage and I have been training some of the Bible school students for Sunday school work. I have helped them organize outposts in three villages and we hope to start another one soon.

We do not require much equipment, especially at this season. First, we find a family who is willing to lend us their yard and then we require if they have a large straw mat, the kind that is used for drying grain, on which the children can sit. Of course, the teacher has her Bible and hymn book and sometimes she has one of my Bible pictures with which to illustrate the lesson. I secured a nice lot of pictures from the Richmond office, or Committee of Publication, but we need more to supply the several schools and classes.

Some of you have asked how you can help in a direct way in our work. Just in case you have some unused pictures, accumulating in your Beginners' and Primary Departments, could you mail us some, and thus help teach in the "heathen Sunday Schools." The girls would not know how to use the pictures except those illustrating lessons or stories from the Bible.

It is wonderful how much pictures mean to the children, also to the adults. I heard one boy inquiring, "Did she bring any pictures?" Receiving an affirmative reply, he made his decision to attend. The women were so much interested in the flannelgraph pictures I used when I taught Daniel in the Ten Days' Bible Class.

It is easy to get a good attendance at any religious service. It is easy to find responsive hearts as we visit from house to house. The people are ready to listen to the Gospel message. May we and the Korean Christians be ready to do our part in these days of great opportunities,

Your friend and co-worker,
Anna McQueen [필기체 서명]

Received at Nashville, Tennessee, May 1948
Address: (As listed at first of letter - air mail postage only 5¢)

November 26, 1948

Kwangju, Yangnim, South Chulla Province
Korea, Asia

Dear Friends,

This afternoon, I was delighted to return from the Korean post office with the largest American mail we have had since our Army post office closed. One letter came in twelve days. It was an air letter folder, available at U.S. post offices, and the postage is ten cents. The air mail postage on an ordinary letter is 25¢ per each one-half ounce. Yes, it costs, but it still thrills us to get American mail.

With your radios and newspapers, you probably knew about the uprising in Soonchun before we, who are sixty miles away, heard of it. It makes us realize that two way radios would be a fine thing to have. Communication between our Mission stations is very poor. This fall we have sent special couriers to carry important messages from one station to another.

Of course the national army and the U.S. military advisers had information of the communist revolt in Soonchun and Yosu, and after their arrival, order was soon restered. Some of the advisers, also American reporters found lodging in the homes of the missionaries. By this time Mr. Boyer and Paul, the cook, must be quite expert in managing a "Mess Hall" for G.I's. Mr. Boyer was also attending to many station duties and he is supervisor of the R. M. Wilson leper Colony, of about 1,000 lepers. By the way, I have heard him express the wish that bundles for lepers, even rags for dressings, would continue to come as they did in former years.

The military advised Misses Biggar, Crane and Miller to fly an American flag. A chicken feed sack that had come in a package from America was located and although it has other colors in the red background, it served for the red stripes. In thirty minutes, they achieved a flag which they speak of as "Betsy." Those were trying, anxious days for our Soonchun missionaries. After the worst was over, it was advisable to get away from the situation for a while. The Cranes went to Chunju; Misses Biggar and Miller came to our house. They returned to Soonchun well escorted by several American officers who had billeted in their home.

Our new Governor at Kwangju, of South Chulla Province, is Rev. Nam Gyu Lee of Mokpo. He is working hard these days to suppress communism and prevent any more outbreaks. He conducted a mass meeting of women at the theater a few days ago. The Christians were delighted at the way he and another speaker wove the Bible into their speeches. American styles have reached Korea and the Governor said, "You women fry your hair (Korean way of speaking of a "permanent") and dye your lips and you call that freedom." They were urged to follow the example of Moses' mother and train their children as leaders. The Governor preached at Yangnim church Sunday morning.

At 5 o'clock in the morning, I hear the church bell ringing for before daybreak prayer meeting. You nor I, on a cold morning, may not go to a cold church to pray, but we can help the Christians pray for Korea and for a great revival. Christ is the answer to Korea's needs.

Florence Root is doing a wonderful work holding Bible classes in the outstation churches. She begins her long, busy day of services and personal work by conducting the "daybreak" prayer meeting which is usually held before day. She came home from the country today and at once began work on Speer School problems. Recently, she was persuaded to act as principal, but is hoping that a suitable Korean principal can be secured soon. She and Dr. Knox serve on the Board of Directors of Speer School.

In September, Mary Dodson and I started a new department of the Bible School which we call the Neel department, because we are teaching in the Lois Neel Bible School building. With Korean assistance, we are teaching a preparatory grade and a special grade. The special grade of older women are taking a briefer, more intensive course in preparation to go out as paid church workers. In the afternoon, we have classes for about forty primary girls which are taught by Bible school students.

On Thursday afternoons, Sengyae Lee of the Bible School conducts a Bible hour at the Chinese school. All the children understand Korean. Some have Korean mother and Chinese father. We gave permission to the Chinese to use our chapel, temporarily, for their school, for we can have our English services now in one of our three homes. Last Thursday, Sengyae told the story of the feeding of the

5,000 while I illustrated with flannelgraph pictures. As we departed, one of the older Chinese girls said to me, "Some of us girls want to believe in Jesus."

The women and girls of the Bible School are teaching outpost Sunday Schools in six outlying villages, one down town, and two in "Live Again" district of the city. "Live Again" is the name of the section where refugees or displaced persons from Japan and Manchuria settled after the war. I wish we could secure a building and have an evangelist start preaching services there.

Mrs. Chin, a Bible woman, whom I have the pleasure of directing, reports that attendance at her out-of-door Sunday School in "Live Again" is around 100. Last Sunday, a Bible School boy began helping her. She spends most of her time in house to house evangelism in that district, but she also works in the villages where we have Sunday Schools. She comes frequently to report to me and her zeal, enthusiasm and success is always inspiring. A class for new believers has been started in the janitor's house, near the church, so the newcomers whom she and others are bringing can have special instruction.

Fortunately, when I employed Mrs. Yengsin Kim as a Mission Bible woman, I incidentally acquired the assistance of her husband, too. He has had training as an evangelist with Rev. L. O. McCutchen, D.D. Recently, I was glad to give Mr. Kim a suit that had come to me in relief goods. I was sorry it was not a winter suit, but he looks much better in it than in the white cotton suit he had been wearing. Last Sunday, he preached at the Whasoon mines which are about twenty miles from here. A few Sundays ago, the Knoxes went to Tongboke church, but I got out of their car at the mines and made my third visit to the group of Christians there. I walked a narrow street (?) up the hill to the Christian's house where services are held. As if I were the Pied Piper, children from all sides fell in behind me. It was an easy way to gather about fifty children together. While so many stood in the yard, and others sat on the narrow porch, we began singing "Jesus Loves Me" and had Sunday School.

Later, I met the assistant manager of the mines and he promised us the use of the school building for church services. There is a large population of the mining folk besides the people of several nearby villages. We are arranging to move Mr. and Mrs. Kim there this week. A splendid opportunity awaits them of establishing a church.

I have told you of these phases of work in which I am especially interested so that you, too, can have a share in it as a prayer partner. Some of you are cooperating with the Bible pictures you have sent.

Our students, except a few new ones, are equipped now with a sweater or jacket that were sent by several Auxiliaries. These cold mornings, the girls often express their appreciation of the warmth and comfort of the gifts.

We have also enjoyed distributing some relief goods that came through Church World Service. The warm clothing and a few blankets have been a great help to pastors and their families from North Korea. They had to give up their worldly possessions as they made a hazardous escape, walking by night, through the mountains into the American zone, or American sphere of influence.

There have been too many interruptions for me to write this letter on one date. Yesterday was Thanksgiving Day. I hope the letter will reach Santy's airplane and carry to you my very best wishes for Christmas and the New Year. May the New Year bring "peace, good will toward men" in Korea, America and throughout the earth.

Your friend,

Anna McQueen [필기체 서명]

Received at Nashville, Tennessee, December 10, 1948

Address: Miss Anna McQueen, Kwangju, Yangnim, South Chulla Province, Korea, Asia

Postage: Letters 5¢, post cards 3¢ (regular mail)

Air mail: Letters 25¢ per each one-half ounce. Air mail folders at Post Office 10¢

September 28, 1949.

Address: Miss Anna McQueen
Kwangju, South Chulla Province,
Korea, Asia

Postage: Letters 5¢, post cards 3¢
(regular mail)
Air mail: Letters 25¢ per each one-half oz.
Air folders at Post Office are 10¢

Dear Friends:

I appreciated very much the birthday cards some of you sent me. Please pardon my saying "Thank you" in this general way, instead of sending personal notes. Have you seen the Scotch birthday card, with a post script saying, "And when you have read it, please return it. I have ither friends." I am Scotch, too! Having cut off the writing on your lovely cards, I am planning to pass some of them on to "ither" missionary friends, on birthday occasions, and I will give some of these to Korean Sunday School children who like bright pictures. In a land of so many shortages, why waste anything?

After two months' vacation, Neel Bible School opened on the first of September. This month we started a boarding department, but are trying to get along without a dormitory building. Next year, we hope that conditions will be more favorable and that a dormitory can be erected with the birthday gift the Woman's Auxiliary gave the school in 1947.

Some of our students sleep on mud and stone floors, covered with a linoleum like oiled paper. I believe all follow the Korean style and use a wooden block for a pillow. The Korean floors are supposed to be fired on the outside heated by means of flues underneath them. However, a great many in Korea are sleeping on cold and damp floors because fuel is so scarce and expensive. No doubt, lack of heat and lack of nourishing food are the chief causes of a very alarming percentage of tuberculosis in this country.

We have converted three of the rooms in the class building into semi American style bed rooms. Perhaps, you would not recognize some of our improvised beds as such. My Rowland friends might recognize their chicken feed sacks put together like a crazy quilt and used for counterpanes. They are also being used for window curtains. The effect is bright, if not harmonious! When the GI's departed, they left us a few army blankets and comforts. They are a great boon and IF sufficient to supplement the limited amount of cover our students can bring from home, I think the American plan will prove more healthful than the Korean.

Mrs. Swinehart's Industrial Building is being used as dining-room and kitchen. We need Mrs. Swinehart now. Our enrollment is thirty and with three exceptions, they are all widows or deserted wives. They are eager for some means of earning their expenses in school. As we continually come in contact with so many cast-off wives, we are reminded of the time of the Judges when "every man did what was right in his own eyes."

It was hard to say "No" to some of the applicants, but Mary Dodson and I are trying to have a select school. We have endeavored to choose those who seemed most promising and really in earnest in their desire to study and train for church service. The larger Bible school in the station has sixty-eight students, mostly unmarried girls, in the Woman's department, and ninety-seven boys and men in the Men's department.

Miss Lois Neel of Charlotte, North Carolina, while working as a stenographer, gave her savings in order that we might have a Bible School building, in Kwangju, for the training of women for Christian service. She, herself, is engaged in church work now and how thankful we are to have her as a prayer- partner in Neel Bible School. You, too, can "Come over - and help us" with your prayers, so I will list now some prayer objectives:

1. For the Korean teachers in Neel Bible School: Mrs. Sungai Hong-head teacher - graduate of Speer and Pyeng Yang Higher Bible School.

Mrs. Keng-ai Kim - dormitory supervisor - graduate of Pyeng Yang Higher Bible School.

Mrs. Yune - graduate of Neel Bible school. She teaches Bible in the morning and assists Miss Dodson in supervising the student-teachers in the afternoon school for fifty under-privileged children.

2. For Mrs. Chin - Bible woman for the "Live Again" district of

the city where displaced persons live. Thanksgiving - that now we have a residence in which Mrs. Chin and Mrs. Cheng - caretaker and retired Bible woman - live and where Sunday School and church services are held. Presbytery, last week, recognized this new outpost as a church and appointed Rev, Y. N. Pak as supply pastor. Some young men from the Bible school and several of our Neel students are trying to establish a model Sunday School in "Live Again." The boys assemble under a U.S. army tent in the yard which the Christian Governor loaned us.

3. For Mrs. Yengsin Pai, and her husband in their evangelistic work at the mines. There was a recent Communist outbreak at the mines and Christians have been threatened. Thirteen stood examinations for church membership in the spring. Church services are held in a schoolhouse. In the interest of social welfare, an employee of the American government visited the mines recently. He wrote our station of his seeing the need for a church building there.

4. For Mrs. Yengai Kim - Bible woman, who lives at Koomnoong village. She is working hard to get funds to rebuild a church there which was burned. It was called Pokesil koo's church. She was a teen-age Speer School girl, who taught a night school in the deacon's house. She had the children to bring handfuls of rice and, repeatedly, when the rice in the box amounted to a bushel, it was sold to buy materials for the building of the church. Inspired by the zeal of the young teacher and the children, the people of the village gave their labor and the church was built.

5. For Mrs. Kong-sunie Kim - Bible woman or pioneer evangelistic

worker among ten villages in Tai-chone township. This outpost was started last spring by a Neel student who visited the section on her weekends. A few days ago, Presbytery appointed Rev. Nah to have general oversight of it and examine the new Christians for church membership.

6. "And for me, that utterance may be given unto me, that I may open my mouth boldly, to make known the mystery of the Gospel." (Eph. 6:19) That grace, and wisdom and power may be given me as I try to direct and influence these Bible women, teachers and students.

7. That a doctor from America may come soon to open our Kwangju hospital. That "new single women" may come to take the place of us who are nearing retirement. Thanksgiving for new recruits - for the Millers and Mitchells on a freighter on the high seas now, en route to Kwangju.

Away in heathen lands, they wondered how their simple words had power -

At home, the Christians, two or three, had met to pray an hour.

Your friend and co-worker,

Anna McQueen[친필 서명]

Rec'd at Nashville, Tenn., Oct. 14, 1949

허혜란

1984년 부모님 따라 미국 뉴욕으로 이민.
현재는 노스캐롤라이나 대학교 모교인 채플힐 캠퍼스의 NC TraCS Institute에서 근무중이다.
주말에는 텃밭채소, 과실수, 버섯 등을 재배하고 약간의 꿀벌과 닭들을 돌보며 살고 있다.

허경진

연세대학교 국문과를 졸업하고 「허균 시 연구」로 문학박사학위를 받았다. 목원대학교 국어교육과와 연세대학교 국문과 교수로 재직하였고, 지금은 연세대학교 연합신학대학원 객원교수로 있다.
저서로는 『허균평전』, 『한국 고전문학에 나타난 기독교의 편린들』, 『허난설헌 강의』 등이 있으며, 역서로는 '한국의 한시' 총서 40여 권 외에 『삼국유사』, 『서유견문』 등이 있다.

내한선교사편지번역총서 14

수피아 여학교 교장 애나 매퀸의 선교 편지

2023년 12월 20일 초판 1쇄 펴냄

지은이 애나 매퀸
옮긴이 허혜란·허경진
펴낸이 김흥국
펴낸곳 도서출판 보고사

책임편집 이순민
표지디자인 김규범

등록 1990년 12월 13일 제6-0429호
주소 경기도 파주시 회동길 337-15 보고사
전화 031-955-9797(대표)
　　　02-922-5120~1(편집), 02-922-2246(영업)
팩스 02-922-6990
메일 kanapub3@naver.com / bogosabooks@naver.com
http://www.bogosabooks.co.kr

ISBN 979-11-6587-626-5
　　　979-11-6587-265-6　94910 (세트)
ⓒ 허혜란·허경진, 2023

정가 20,000원

〈이 번역서는 2020년 대한민국 교육부와 한국연구재단의 지원을 받아 수행된 연구임
(NRF-2020S1A5C2A02092965)〉